Der Lama weiß

Die Entstehung
einer tibetischen Legende

Robert Brainerd Ekvall

Vorwort zur Ausgabe von 1981
von L. L. Langness

Khampa Verlag Freiburg-Eckernförde

Robert Brainerd Ekvall

Der Lama weiß

Deinem Andenken, Lorraine,
ist diese Geschichte aus Tibet gewidmet:
dir – die als Erste sagte,
„Das ist es wert, geschrieben zu werden"
und mir einen Bleistift in die Hand drückte.

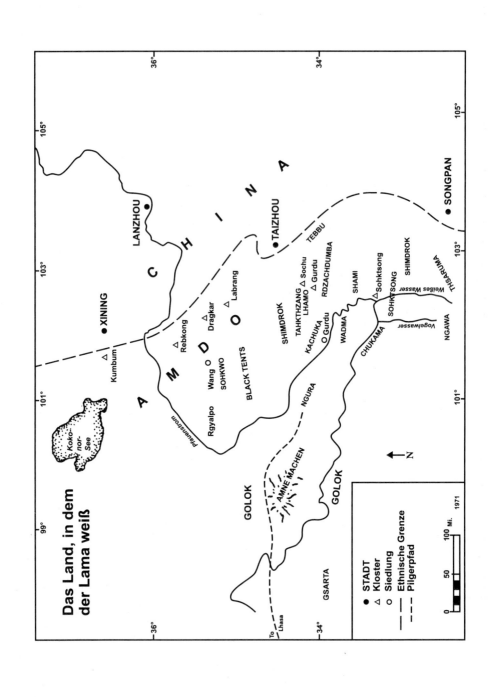

Vorwort des Übersetzers

Es ist mir eine Freude, dieses wunderbar geschriebene und zugleich mit authentischer Erfahrung untermauerte Buch „Der Lama weiß" von Robert B. Ekvall gemeinsam mit dem Khampa Verlag vorzulegen. Es wird uns dieses nicht nur geographisch, sondern auch kulturell fremde Land Tibet sicherlich näher bringen.

Über Robert B. Ekvall (1898–1983) ist inzwischen einiges geschrieben worden, insbesondere ist aktuell auch von David P. Jones „Brave Son of Tibet" erschienen, so dass es nicht nötig erscheint, sich hier ausführlicher über sein Leben zu verbreiten. Es mag hier genügen, zu erwähnen, dass er ein in der Provinz Gansu geborene Sohn von in China tätigen christlichen Missionaren war. Er war dann selbst in seinen tibetischen Jahren ein aktiver Missionar. Er hatte viele Jahre (etwa in den Jahren 1923-1941), also einen nicht unbedeutenden Teil seines Lebens[1] im Osten Tibets, – insbesondere in den Gebieten, die in dieser Geschichte vorkommen –, sowie in tibetisch-chinesischen Grenzgebieten, gelebt. Er lebte dort nicht isoliert, sondern offenbar – auch durch sein Anliegen bedingt – in einem sehr lebendigen Kontakt mit den dort lebenden Menschen. Ihre Kultur und Tradition war ihm offensichtlich sehr vertraut. Wie seine Lebensdaten zeigen, hatte er als einer der wenigen Menschen des Westens Gelegenheit gehabt, die noch unverfälschte Kultur Tibets, nicht lang vor der Einverleibung durch China, kennenzulernen.

Und mehr noch: Zum Teil war er wohl sogar ein – eher an der Peripherie beobachtender – Zeuge eines Teils der hier berichteten Geschehnisse, wie er, sehr diskret, im Text andeutet.

Sicherlich wird dieser Text auch einen Beitrag dazu leisten, die manchmal allzu romantischen Vorstellungen im Westen von der Lebenswirklichkeit der Tibeter – insbesondere bei Menschen, die Tibet nur aus Büchern und den Auftritten bedeutender und berühmter Lamas, wie etwa des Dalai Lama, kennen – lebensnaher und differenzierter werden zu lassen.

Der Titel selbst hat eine Beziehung – wenn auch vielleicht eine unbeabsichtigte – zu einer in Tibet beinahe omnipräsenten Anrufung,

---

[1] Einen summarischen Überblick über das Leben R. B. Ekvalls gibt https://prabook.com/web/robert.ekvall/3749733

„Lama khyenno", deren eine mögliche Übersetzung „Lama, wisse um mich" ist, die aber ein ganzes Spektrum von weiteren Bedeutungen hat, die für die religiös-spirituelle Praxis der Tibeter wichtiger sind als „Der Lama weiß" – obwohl dieses als universell angenommene Wissen des Lama sicherlich ein Aspekt davon ist. Wir wollen es Ekvall nicht nachtragen, dass er dies nicht ausführlicher erwähnt, ein wenig klingt es ja durch. Schließlich war er ja einer anderen religiösen Tradition verpflichtet und hat daher die in Tibet praktizierten Formen des Buddhismus sicherlich mehr von außen betrachtet. Das allerdings mit großer Genauigkeit und einem noch größeren Einfühlungsvermögen für die Spezifika einer ihm eigentlich fremden Kultur, und meistens ungetrübt von westlichem Überlegenheitsgefühl und von fremden, übergestülpten Wertmaßstäben.

Und dafür gebührt Robert B. Ekvall Ehre – für diese anthropologische Meisterleistung, die er uns damit hinterlassen hat. Die Herausgabe dieses Werks in deutscher Sprache gemeinsam mit dem Khampa Verlag soll diesen Wunsch nach Ehrung Robert B. Ekvalls ausdrücken.

Es gibt noch einen anderen Aspekt, den ich hier ansprechen möchte, und der mir in diesem Buch sehr gut herausgearbeitet erscheint – und über den wir Menschen des Westens keinen Grund haben, uns zu überheben. Es geht um die Frage, was passiert, wenn eine Religion sich an dem herrschenden Machtapparat, den sie vorfindet, auszurichten, sich an ihn anzupassen trachtet. Wir können dann beobachten, wie ein Auseinanderdriften der in dieser Religion kodifizierten Gebote, meistens jener der Liebe und des Mitgefühls, und ihrer tatsächlichen Implementierung in der Lebenspraxis der Menschen, insbesondere jener Menschen, die an der Ausübung sakraler oder säkularer Macht beteiligt sind, stattfindet. Religiöse Entrücktheit und hartes Durchsetzen eigener Machtinteressen – gegen die Religion oder hinter ihrem Schutzschirm – finden da eine seltsame und nicht selten grausame Synergie.

Davor ist kein religiös-spirituelles System gefeit. Die Geschichte verschiedener Kulturen zeigt das ganz deutlich – und dafür müssen wir nicht in den fernen Osten schweifen. Nur eine klare Wachheit und eine offene, undogmatische Haltung kann uns davor bewahren, in den Strudel von Vorurteil, Intoleranz, Dogma, und letztlich auch Gewalt und Verfolgung hineingezogen zu werden – und zwar nicht als außenstehende, die andere kritisieren, sondern als Beteiligte der Tradition, der wir selbst folgen.

Robert B. Ekvall bin ich dankbar, dass er trotz dieser scharfen Beobachtungsgabe, auch gegenüber den Veranntheiten der von ihm beschrieben Gesellschaft, es geschafft hat, ein sehr lebendiges Bild von diesen vitalen, kraftvollen und zu großer Hingabe fähigen Menschen – Menschen, wie ich ihnen selbst auf zwei Reisen, auch durch Gebiete, in denen diese Geschichte spielt, begegnet bin – so offen, farbig und klar zu zeichnen.

Robert Jaroslawski, der Übersetzer,
Sölden am 20. August 2023

Vorwort zur Ausgabe 1981

Robert Ekvall hat in diesem faszinierenden Buch das geschafft, was für gewöhnlich nicht zu schaffen war. Er hat uns nicht nur eine spannende, ungewöhnliche und gut ausgearbeitete Geschichte geliefert, sondern auch, ohne zu didaktisieren, einen aufschlussreichen Blick auf eine andere Kultur. Natürlich nicht umfassend oder detailliert, aber was für ein Einblick!

Angesiedelt im geheimnisvollen Tibet, wo der Autor viele Jahre mit den Tibetern gelebt hat, und geschrieben in einem Stil, der sogar die Nuancen des tibetischen Denkens vermittelt, bewegt sich Ekvall geschickt in der Zwielichtzone zwischen der phänomenalen Existenz und der Welt der Illusion und des Glaubens. Wir können die Entstehung einer tibetischen Legende miterleben und den Prozess der Legendenbildung im Kontext der tibetischen Ansichten über Zeit, Raum und Kausalität verstehen. Aber es ist weit mehr als ein Buch über Folklore oder die Geschichte eines tibetischen Volkshelden! Aufmerksame Leser werden viel über die tibetische soziale Organisation, Politik und Religion sowie über die engen Beziehungen zwischen diesen Institutionen erfahren.

Für ein westliches Publikum intelligent über eine nicht-westliche Kultur zu schreiben, ist im besten Fall schwierig. Es ist praktisch unmöglich, ethnografische Fakten mit einer fesselnden Geschichte und einem angemessenen Stil zu verbinden und gleichzeitig Wahrhaftigkeit zu erreichen. Dies mit der Sparsamkeit und Präzision eines guten Künstlers zu bewerkstelligen und gleichzeitig so viel von der universellen menschlichen Natur und Kultur zu vermitteln, muss unseren größten Respekt verdienen. Nur ein anthropologisch versierter Gelehrter, der die Sprache und Kultur der Menschen, über die er schreibt, sehr gut kennt und zudem über eine ungewöhnliche Fähigkeit zur Gestaltung von Prosa verfügt, konnte ein solches Buch schaffen. Ich für meinen Teil möchte hier und jetzt meine Bewunderung zum Ausdruck bringen.

Der Lama weiß (*The Lama Knows*) sollte seinen Platz neben Werken wie Elenore S. Bowens *Return to Laughter* und Kenneth E. Reads *The High Valley* als einer jener anthropologischen Klassiker einnehmen, die immer wieder Interesse an anderen Lebensweisen wecken, das die

Seele der Anthropologie ist. Darüber hinaus wird es jedem, der eine gut erzählte Geschichte zu schätzen weiß, viel Freude bereiten.

L. L. Langness *März, 1981*
Universität von Kalifornien, Los Angeles

Danksagung

Niemand kann jemals in vollem Umfang die Dankesschuld gegenüber Erfahrungen und Personen *würdigen*. Wenn jedoch eine schöpferische Anstrengung zu einer Aufzeichnung wie *Der Lama weiß* führt, dann muss trotz allem ein Versuch unternommen werden, diese Dankesschuld zumindest summarisch auszudrücken. Über die Quellen hinaus, die im Buch zitiert wurden, folgt hier die Anerkennung meiner beim Schreiben dieses Buches entstandenen Dankesschuld gegenüber: einer eindringlichen Identifikation mit und Sehnsucht nach den Schauplätzen und Menschen dieses Landes; einem so tiefen Eintauchen in das tibetische Leben, dass die hier niedergeschriebenen Reaktionen mittels Charakterisierungen im tibetischen Stil getestet wurden, – so wie man eine Münze klingeln lässt, um ihre Echtheit zu prüfen –, und die erinnerten oder Situationen zugeschriebenen Gespräche Satz für Satz auf Tibetisch geformt wurden, bevor sie ins Englische übersetzt und dann so aufgezeichnet wurden; einem Jahr intensiver Lektüre der französischen Literatur, – insbesondere von Flaubert –, die mich zu einer Erzähltechnik geführt hat, die Szenen in der historischen Gegenwart mit Rückblenden verbindet, um Entwicklungen in einem Zeitkontinuum zu verknüpfen; Lobsang Tenzing, dem tibetischen Künstler, der sich kommentarlos meine Beschreibung der Szenen anhörte und, ungehindert von weiteren Anleitungen, die Interpretation in tibetischem Stil schwarz-weiß zeichnete; dem Thomas Burke Memorial Washington State Museum für die Erlaubnis, einige dieser Skizzen zu verwenden, die zu Ausstellungszwecken in den Besitz des Museums übergegangen waren; der Geduld und dem Geschick von Gene Turner, der das – irdische – Land kartographierte, das der Lama kennt. Jedem und allem – Erfahrung und Person – gilt mein entsprechender Dank.

R. B. E.

Danksagung des Übersetzers

An dieser Stelle sei den Lektoren, Anna Müller-Nilsson, Reinhardt Meierhöfer und Walther Hofherr für ihre wie immer sehr sorgfältige Arbeit, dem Setzer Leif Nilsson für den wie immer sehr schönen Satz, Wolfgang Nowacki für die Gestaltung des sehr ansprechenden Buchumschlags und, last not least, Lorenz Dobrot, dem Verleger, für seine enthusiastische Bereitschaft, dieses schöne Buch herauszugeben.

R. J.

Prolog

Die hier erzählte Geschichte konnte nur in Tibet entstehen; durch Gerüchte, höhnisches Gelächter, Erstaunen und Ehrfurcht konnte sie nur in Tibet zu einer Legende werden; und die Ereignisse, auf denen sie beruht, konnten sich nirgendwo anders als in diesem fernen Land abspielen. Daher hat sie nur vor dem Hintergrund der tibetischen Kultur – der Art und Weise, wie die Tibeter die Welt sehen und ihr Verhalten gestalten – eine Bedeutung. Um allen, die keine Tibeter sind, die Geschichte richtig vorzustellen, muss daher einiges gesagt werden, um die Aspekte der tibetischen Kultur zu erklären, die sich auf die Ereignisse und die Geschichte von „Der Lama weiß" beziehen, und es braucht Hinweise auf die Quellen, auf denen die Erzählung beruht.

Alle, die auf der Hochebene leben, die das Land Tibet ausmacht, vor allem aber die Bewohner der schwarzen Zelte, kennen die Realität ihres Lebens in den höchsten Höhen und in einem Land von herber Schönheit, das jedoch von wütenden Stürmen aus Wind, Regen, Hagel, Schauern und Staub – oft mehr Kies als Staub – heimgesucht wird: Sie überleben mit strengem Realismus – hart und doch fröhlich – und es gibt nichts Visionäres in ihrer nüchternen Reaktion auf die Härten ihrer Existenz. Ihre Vorstellung von Existenz liegt aber seltsamerweise jenseits der Tatsachen des täglichen Lebens.

Man glaubt dort, dass die Existenz auf drei Ebenen stattfindet: der absoluten, der relativen und der imaginären. Das Absolute bezieht sich nur auf die Existenz im „Buddha-Feld", dem Bereich der endgültigen Verwirklichung oder Befreiung, entweder im immer wieder erneuerten Mitgefühl für alle Lebewesen als ein Bodhisattva oder in der Ruhe des Nirvana. Das Relative ist die Ebene der phänomenalen – erscheinungsmäßigen – Existenz, immer ungewiss und doch immer auf das Absolute zustrebend. Sie umfasst alles, was im Hier und Jetzt durch die Sinneswahrnehmungen erkannt werden kann. Das Imaginäre hingegen ist die Welt der Illusionen – all die magischen Erscheinungen, die in den Bereich der Sinne eindringen. Die Illusionen haben ihren Ursprung: in der List der Götter, in den geistigen Kräften derer, die die Kontrolle über das Noumenale[2] erlangt haben, um es an die Stelle des Phänomenalen zu setzen, und in den Fantasien, in denen die Vorstel-

---
2 Dasjenige, das jenseits des Rationalen liegt; R.J.

lungskraft mit dem Realen kämpft und ihre eigenen Substitute für Tatsachen schafft.

In der tibetischen Weltanschauung haben alle drei dieser Ebenen oder Existenzweisen ihre Gültigkeit. Sie sind auch nicht scharf voneinander getrennt und festgelegt. Die Grenzen zwischen ihnen sind unscharf, und die Ereignisse haben eine seltsame Beweglichkeit – sie wechseln von Ebene zu Ebene, um entweder in die Sinne einzudringen oder sich ihnen zu entziehen.

Ein weiteres Merkmal der tibetischen Weltanschauung ist die Art und Weise, in der Ursache und Omen in einer Beziehung zueinander stehen, in welcher keines von beiden den endgültigen Vorrang hat. Sie haben eine gemeinsame Terminologie und werden als grundsätzlich eins betrachtet. Vorzeichen oder Omen, als beobachtbare Phänomene, werden als „äußerlich" bezeichnet, und Ursachen, die im Grunde nicht beobachtbar sind, werden als „innerlich" unterschieden. Das eine kann das andere hervorbringen oder es beeinflussen. So hat jedes Phänomen einen doppelten Aspekt, entweder als Ursache, die sich unvorhersehbar bewegt, um Wirkungen hervorzubringen, oder als Omen, das Ereignisse ankündigt.

Die scharfe Realität wird auch durch die Tatsache in Frage gestellt, dass alle Existenz auf geheimnisvolle Weise über jenem seltsamen Vakuum zu schweben scheint, das als Doktrin der Leerheit formuliert wurde, die wiederum nicht nur ein Thema für endlose Haarspaltereien und unvergleichliche Kasuistiken abgibt, sondern, wie sich auch in der Alltagssprache zeigt, Teil der Gedankenwelt aller Tibeter ist. In der Tat sind die Theorien über die Existenz, die in ihrer ganzen Komplexität Teil der endlosen Debatte über das Reale und das Ideale sind und die man eigentlich als nur den Philosophen und Metaphysikern vorbehalten glauben würde, in einem erstaunlichen Ausmaß – wenn auch, zugegeben, etwas vage – in allen Schichten der Gesellschaft verbreitet.

In der tibetischen Weltanschauung hat auch die Zeit eine besondere Qualität, in welcher Vergangenheit, Gegenwart und Zukunft manchmal miteinander verschmelzen oder wie verschwommene Doppelbelichtungen übereinander gelegt werden. Die Zeit ist nicht notwendigerweise ein klares Kontinuum, in dem die Ereignisse immer in der richtigen Reihenfolge ablaufen, sondern hat eine modale Qualität; sie ist gefüllt mit Wiederholungen und Beziehungen, die außerhalb des westlichen Zeitverständnisses liegen. „Wir zwei, Vater-Sohn, waren vor zehntausend Jahren ...; sind jetzt ...; werden in zehntausend Jahren ... sein", ist ein ständiger Refrain – das Leitmotiv einer der großen tibetischen Geschichten von wiederkehrender Existenz, die von der Zeit nicht eingeschränkt wird. Der Sinn solcher andauernder Beziehungen und sich wiederholender Existenzen lässt Vergangenheit und Zukunft zu einer allumfassenden Gegenwart zusammenwachsen.

Innerhalb dieser umfassenden Gegenwart der tibetischen Weltanschauung ist der Begriff *Lama* als Konzept und Institution von größter Bedeutung. Er wurde unterschiedslos auf alle Mitglieder des Klerus angewandt, aber streng genommen bezieht er sich nur auf die „Emanationskörper", die, dem chinesischen Sprachgebrauch folgend, oft fälschlicherweise „Lebende Buddhas" genannt werden und etwa ein Prozent des Klerus ausmachen. Lamas sind keine Mönche, obwohl sie normalerweise die Regeln des Mönchsordens befolgen. Sie sind das, was sie sind, nicht aufgrund eines abgelegten Gelübdes oder eines langsamen Voranschreitens in Heiligkeit oder Gelehrsamkeit, sondern aufgrund ihrer Geburt; vom Dalai Lama als dem höchsten bis zum relativ unbedeutendsten Lama in irgendeinem kleinen Kloster sind sie alle die sich ständig erneuernden Manifestationen der erlösenden Aktivität – sie verkörpern das Mitgefühl der Bodhisattvas gegenüber allen lebenden Kreaturen.

In dem Sinne, dass sie Körper sind, sind sie Inkarnationen von Geistern, die die Befreiung von der wiederkehrenden Geburt, dem Leiden, dem Tod und den Schmerzen der Hölle – dem trostlosen, durch Karma verursachten Sich-drehen auf dem Rad des Lebens – erlangt haben und somit frei sind, in das Nirvana überzugehen. Doch aufgrund ihres Mitgefühls für alle Lebewesen entscheiden sie sich, als Retter von Geburt zu Geburt wiederzukehren, um allen fühlenden Wesen bei der Überwindung der Unwissenheit zu helfen und auf dem Weg zu der gleichen endgültigen Befreiung voranzuschreiten.

Die „Emanationskörper"-Lamas nehmen an vielen Ritualen teil, doch ihre Hauptrolle besteht nicht darin, Ritualen der Verehrung [der Gottheiten] vorzusitzen, – etwa, wenn die Mönche die heiligen Schriften zum Nutzen aller lesend vortragen –, sondern sie sind selbst

Empfänger von Verehrung und Spender von Segen und Hilfe für alle, die den langen Weg zur endgültigen Befreiung gehen. Sie repräsentieren die Buddhaschaft in lebendiger Form, und jeder von ihnen fügt in gewissem Sinne und in unterschiedlichem Maße durch seine Anwesenheit im Kloster der stets gegenwärtigen Versammlung und dem Gesetz[3] die Präsenz der Buddhaschaft hinzu und vervollständigt so die lokale Version der so genannten Juwelen-Triade – im Tibetischen treffender als „die Seltenen Vollkommenen Drei" bezeichnet.

Solange sie leben, sind sie Objekte der Verehrung und ihre Stellung ist für das Leben: Obwohl die meisten von ihnen die Gelübde des Mönchsordens erfüllen, stehen sie dennoch über dem Gesetz.[4] Ein „Emanationskörper"-Lama mag sich von den Gelübden lossagen, er mag die Regeln brechen, aber er ist immer noch ein Lama. Nichts, was er tun kann, wird ihn jemals zu etwas Geringerem als einem Lama machen, obwohl ein Mönch für auch nur einen Bruchteil dessen, was der Lama tun kann, seiner Roben enthoben würde. Sein Ruf mag leiden und seine Vorgesetzten und Lehrer mögen ihre Unfähigkeit, ihn im Zaum zu halten, zutiefst bedauern, doch selbst als Räuberhauptmann mit vielen Frauen ist er immer noch ein Lama. Viele mögen ihn in der Tat mit besonderer Freude und heimlicher Bewunderung für die Macht seines Lama-Seins verehren, die es ihm ermöglicht, eine solche Vielzahl von Illusionen zu erzeugen, um die Realität seiner Existenz auf der zeitlosen Ebene des Absoluten zu verbergen.

Wenn er tot ist – „ehrenvoll in den Zenit gegangen" – gibt es keine Ungewissheit darüber, welchen Fortschritt der Lama auf dem Rad der Existenz gemacht hat, denn er hat die Verwirklichung bereits erreicht, und es bleibt nur eine leise Erwartung und ein Warten auf seine Rückkehr. Wenn diese Rückkehr im Körper eines Jungen im entsprechenden Alter durch die richtige Kombination von Prophezeiungen, Omen und persönlichen Merkmalen des neu Gefundenen als erwiesen[5] betrachtet wird, wird er in die Rolle seines Lama-Seins innerhalb des Klosters eingesetzt, und eine weitere Manifestation der Aktivität der Erlösung ist zum Nutzen aller Lebewesen erneut aufgetreten.

---

3 Hier ist wohl der Dharma gemeint, die Lehre; R.J.
4 Also den klösterlichen Regeln; R.J.
5 Dazu durchlaufen die Jungen (traditionell sind es wohl meistens Jungen) eine umfassende Prozedur (inzwischen aus Hollywoodfilmen über Tibet wohl bekannt); R.J.

Innerhalb des Klosters seiner Emanation oder seiner Wahl hat jeder Lama sein eigenes „großes Haus" oder seine eigene Niederlassung. Wenn der Lama, wie es manchmal der Fall ist, politische Macht und Herrschaftsfunktionen ausübt, wird das Personal des „großen Hauses" dafür organisiert, um eben diese Funktion auszuüben. In jedem Fall steht an der Spitze der Niederlassung ein Manager, der üblicherweise *Ombo* genannt wird und für die offiziellen Angelegenheiten und die Politik zuständig ist, die Ausbildung und Schulung des Lamas organisiert und alle geschäftlichen Angelegenheiten beaufsichtigt. Der Ombo ist in der Regel ein enger Verwandter des vorherigen Lamas und wird nach seinem Tod oder Rücktritt durch einen Verwandten des neuen Lamas ersetzt. Es gibt also eine Überschneidung in der Nachfolge von Lamas und Ombos, die für Kontinuität und Stabilität in allen Belangen des „großen Hauses" sorgt.

Die Beziehung zwischen dem Lama und seiner Einrichtung und dem Kloster ist sehr komplex. Es liegt im Interesse des Klosters, einen oder mehrere „Emanationskörper"-Lamas – je berühmter, desto besser – sich mit ihm zu verknüpfen, denn obwohl die Schatzkammern des Klosters und der Lamas getrennt sind, zieht ein ansässiger Lama, der für seine Heiligkeit oder okkulte Macht berühmt ist und viele Gaben erhält, auch große Gunst für das Klosters an. Der Lama erhält auch einen größeren Anteil – das Fünffache ist das Minimum und kann bis zum Neunfachen betragen – von allem, was an Gaben aus der Klosterkasse verteilt wird, denn er nimmt an den rituellen Versammlungen teil und bringt durch seine Anwesenheit zusätzliche Wirksamkeit und Segen in diese Zusammenkünfte. Wenn es in einem Kloster nur einen – oder gar einen wichtigen – Lama gibt, besteht oft eine noch engere Beziehung, und das Kloster kann mit dem Lama identifiziert werden, da beide mit demselben Namen bezeichnet werden.

Dies sind einige wesentliche Elemente der tibetischen Weltanschauung, die zusammen mit dem Konzept und der Institution des Lama in engem Zusammenhang mit der Geschichte und der Legende von „Der Lama weiß" stehen; aber es gibt auch andere Neigungen und Verhaltensmuster, die bei den Ereignissen und der Entstehung der Legende eine Rolle gespielt haben.

Als Teil des seltsamen Dualismus der tibetischen Volksbräuche, in dem sich religiöses Streben und die Suche nach den Dingen der Psyche mit der Behauptung des Egos und gesetzlosem Handeln vermischen, ist das Muster der Gewalt an erster Stelle zu nennen. Vor dem Hintergrund der transzendentalen Philosophie und der Konzepte der Existenz gibt es einen wilden Überschwang im tibetischen Leben, in welchem Raub, Verführung und Kampf Dinge sind, auf die ein Mann stolz sein kann. Solche Verhaltensmuster entstammen der Freude an der Reitkunst oder sind mit ihr verbunden, und die Liebe zu Waffen verbindet sich mit kriegerischen Haltungen und Kriegsdiensten – privat oder öffentlich.

Von den vielen Paradoxien in der tibetischen Kultur ist eine, nämlich die Koexistenz von Glaube und Skepsis sowie von Ehrfurcht und Respektlosigkeit, von besonderer Bedeutung. Der durchschnittliche Tibeter ist hingebungsvoll der Haltung des Glaubens und der Ehrfurcht – die zutreffender als „Wandlung der Manieren" definiert werden sollte – verpflichtet, und die Tiefe dieser Hingabe wird durch das Ausmaß seiner religiösen Observanz kraftvoll bezeugt.

Aus den Jahren meines Lebens unter ihnen erinnere ich mich an eine Begebenheit, die diesen Charakterzug veranschaulicht und die am treffendsten und engsten mit der Institution des Lama verbunden ist. Ich begleitete einmal einige Tibeter, die einen neuen Lama willkommen hießen, der als siebenjähriger Junge gerade von seiner Familie freigekauft worden war und in sein „großes Haus" gebracht wurde. Mein Begleiter war ein Nomade, der prächtig beritten und entsprechend stolz war, doch als der Lama mit einem Schwall von Gebeten vorbeikam, stieg er im Nu vom Pferd und warf sich in unterwürfiger Anbetung zu Boden.

Später, als er wieder auf dem Pferd saß, fragte ich ihn nach dem Lösegeld, seiner Höhe und dem Grund, warum es gezahlt worden war. Seine Antwort war etwas, das von Gebeten und Verehrung weit entfernt war.

„Das ist wie beim Kauf einer *Mdzo-mo* (Milchkuh). Zuerst zahlt man für sie, und wenn sie gut ist, zahlt man viel, und dann melkt man sie für Butter, die Reichtum darstellt. Nun, da sie für den Lama bezahlt haben, wird er benutzt, um Reichtum zu erzeugen. Wenn er gut ist, bringt er viel Reichtum – nur der Lama weiß, wie viel – aber es ist genau wie bei einer Milchkuh. Eine gute Kuh gibt viel, eine schlechte Kuh gibt wenig. Erstaunlich ist es; der Lama weiß es – der Lama weiß es."

Sein Gesicht verzog sich vor Belustigung und Frechheit, dann ging er wieder zum Beten über. Gepaart mit dieser unbändigen Respektlosigkeit, die die meisten Tibeter zu kennzeichnen scheint, – insbesondere die Menschen in den schwarzen Zelten, deren Wege wilder und deren Zungen ungezähmter sind –, haben sie einen ausgeprägten Sinn für das Lächerliche und ein wachsames Gespür dafür, wie sehr Spott Status und Ansehen schädigen kann.

Als letzter Punkt in dieser Liste von Kulturmerkmalen spielt die besondere Faszination, die die Tibeter für die Sprache und all ihre Verwendungsmöglichkeiten empfinden, eine besondere Rolle in der Geschichte von „Der Lama weiß". Auf jeder Ebene der tibetischen Erfahrung ist die Sprache von großer Bedeutung. Die Macht der Sprache, die Macht des Denkens und die Macht des Handelns – oder Mund, Geist und Körper – bilden den Dreiklang des persönlichen Seins. Die Verbalisierung ist das erste und wichtigste der religiösen Werke, durch welche Tugend und Verdienst angesammelt werden und der Fortschritt auf dem mittleren Weg gesichert wird. Die Redekunst und die Fähigkeit, zu debattieren und darzulegen, ermöglichen einen Aufstieg in der religiösen und politischen Hierarchie, und das gut gesprochene Wort findet allgemeines Gehör und genießt großen Respekt. Das Erzählen von Geschichten und die Prosodie[6] sind hoch entwickelt, und derjenige, der wirklich fähig und einflussreich ist, ist derjenige, der ein „Mund-Gesicht" hat, – der nicht „auf den Mund gefallen ist" –, und dem die Worte gute Dienste leisten können. Die Gemeinsamkeit der Sprache ist ein wichtiger Aspekt des tibetischen Selbstverständnisses oder der kulturellen Selbstidentifikation, doch die Tibeter bewundern jene sehr, die viele Sprachen sprechen; einige der größten Figuren der tibetischen Geschichte waren als *Lotsawas*, als „Übersetzer" bekannt. Sie bewundern auch die Verwendung von Dialekten und verschiedenen Sprachstilen, die zu unterschiedlichen Anlässen oder Zwecken eingesetzt werden, da sie die höchste Magie der Worte in vollen Zügen auskosten.

In dieser vielfältigen und unverwechselbaren kulturellen Atmosphäre spielten sich die Ereignisse der sich entfaltenden Geschichte ab

---

6 Die höheren lautlichen Eigenschaften einer Sprache oder auch die Kunst der Rezitation; R.J.

und erhielten eine Erzählung, die in ihren Quellen und ihrer Sichtweise ganz und gar tibetisch war und sich im Laufe der Erzählung zu einer Legende in der Folklore eines Volkes entwickelte, die treffend durch den universellen tibetischen Ausruf der Verwunderung und des Erstaunens charakterisiert wird: „Der Lama weiß!"

Ob Schelmen-Märchen oder entstehende Legende, die Geschichte ist auf jeden Fall kein Produkt der Phantasie. Manchmal scheint sie ins Reich der Illusionen abzuschweifen, doch im Grunde ist sie eine Aufzeichnung phänomenaler Geschehnisse und erzählt von tatsächlichen Personen und ihren Taten – einige davon real, andere zugeschrieben. So habe ich aus vielen Quellen das erstaunliche Ganze dieser tibetischen Saga zusammengestellt. Ich hatte aus erster Hand Zugang zu einigen Ereignissen und zu vielen Persönlichkeiten der Geschichte. Vieles andere wurde als Neuigkeit erzählt, als Gerücht weitergegeben oder mit plötzlicher, unerwarteter Intensität von denjenigen diskutiert, die tratschten, scherzten und stritten, während sie ihren Tee in meinem Gästezimmer tranken, und zwar während der gesamten Zeit, in der ich in Tahk Thzang Lhamo lebte und unter den Menschen in den schwarzen Zelten in Nordosttibet reiste.

Ich bin diesem Lama, der später der „Ohrlose" genannt wurde, nie persönlich begegnet, doch von einem unauffälligen Platz unter den Zuschauern habe ich die Tortur seines Prozesses miterlebt. Ich hörte auch seine erstaunliche Verteidigung, in der er alle Mittel der Rede und den wechselnden Zauber der Worte einsetzte. Doch schon lange vorher hatte ich von ihm und dem Geheimnis seiner Erscheinung gehört. Als ich die Höhlen von Drag-Kar bis hin zum „Meer der Finsternis" erkundete, erzählte mir der Mönchsführer des Klosters Drag-Kar von der seltsamen Gestalt, die man im Höhleneingang sitzend vorfand, während sich um den Eingang herum makelloser, von keinerlei Spuren durchkreuzter Schnee erstreckte. Im Gästezimmer des Klosters hörte ich im Laufe eines langen Gesprächsabends auch von den Geschenken, die demjenigen dargebracht wurden, der gekommen war und um nichts gebeten hatte, der aber wie ein wahrer Lama willig war, Wellen des Segens zu spenden.

Später hörte ich von Händlern, die mehrere Reisen zu den Salzseen des Nordens unternommen hatten, mehr über „den Lama, der gekommen war" und über seine Lebensweise: von der farblich abgestimmten

Schönheit seiner goldenen *Mdzo*-Packochsen und Milchkühe; von der Vorzüglichkeit seiner Pferde; davon, wie er, bewaffnet wie ein Laie und allein, auf seinen eigenen geheimnisvollen Unternehmungen ritt; von der Tochter von Rgyal-wo Wang, die er verführt und geheiratet hatte; von dem Wunder seiner Rede in drei Sprachen; und von der transzendentalen Weisheit seiner Weissagungen und Vorhersagen, die – „wie aufeinanderfolgende Regentropfen" – mit den folgenden Ereignissen übereinstimmten.

Ich wusste auch sehr gut, welche Bestürzung sein Erscheinen in jenem Höhleneingang in Gurdu auslöste, denn mein Haus in Tahk Thzang Lhamo lag nur wenige hundert Meter von diesem Kloster entfernt, und ich war mit dem Verwalter und dem Ombo und den internen Intrigen des Großen Hauses in Gurdu gut vertraut. Wenn sie mich in meinem Gästezimmer besuchten, trauten sich die Mönche von Gurdu nicht, offen über jenen Lama zu sprechen, der behauptete, ihr Lama und zurückgekehrt zu sein, aber wenn sie mit mir allein waren und Diskretion gesichert war, sprachen einige und scherzten sogar am Rande des Undenkbaren. Die Mönche des Klosters von Sechu – einer separaten Gemeinschaft und eifersüchtigen Rivalin von Gurdu – amüsierten sich sehr über das unglückliche Dilemma ihres Rivalen; sie sammelten, verzierten und verbreiteten jede Neuigkeit und jedes Gerücht, aber besonders gern machten sie sich über ihn lustig. Außerdem war Tahk Thzang Lhamo – ein Komplex aus zwei Klöstern, Handelsposten und Weilern – ein Ort, an dem sich viele von nah und fern versammelten, und von allen, die kamen, war derjenige, der Neuigkeiten zu berichten hatte, am meisten willkommen.

In der Nacht, in der der Lama gefangen genommen und an sein Pferd gefesselt wurde, war das Geräusch von Hufschlägen kaum verklungen, bevor die Nachricht verbreitet wurde, und mit ihr das Erstaunen und das Mitleid über sein wahrscheinliches Schicksal. Die Einzelheiten seiner Folterung waren bald bekannt, und es wurde viel darüber spekuliert, wie lange sein Leben noch dauern würde. An den Auseinandersetzungen, die zeitweise in meinem Gästezimmer stattfanden, beteiligten sich sogar einige der heftig parteiischen Tebbus, die blutrünstige Drohungen aussprachen, wie sie ihre Schwerter einsetzen würden, um die Frage nach dem wahren Gurdu Lama ein für alle Mal zu klären. Aber selbst während sie tobten, wurden sie von anderen – ihren Mitgästen – mit der weit verbreiteten Ungewissheit verspottet, die nicht zu Ruhe kommen wollte.

Es waren nicht nur die Tibeter, die redeten. Nachdem der chinesische General damit fertig war, den Gurdu Lama und sein Gefolge zu demütigen und sie über Politikwissenschaft und die grundlegenden Rechte von Gefangenen belehrt hatte, hielt er bei mir an, um ganz beiläufig seine Version dessen zu erzählen, was er gerade getan hatte: eine Geschichte, die ich bereits von mehreren atemlosen Tibetern gehört hatte, die über das Geschehene erstaunt waren und meinen Rat und mein Eingreifen suchten. Bei einer Tasse Tee war man sich einig, – in sinnigen chinesischen Aphorismen –, dass die Tibeter, wie alle Barbaren, der Aufklärung und einer gewissen Zivilisierung bedürften; zumindest habe er sein Bestes getan, um diesen Prozess einzuleiten. Noch während er an seinem Tee nippte, stand der Ombo, die Hände auf dem Rücken gefesselt, im Innenhof.

Ich kannte Yzimba, den alternden Häuptling eines Stammes und Vater von Lamas, recht gut. Ich hatte vor seinem Zelttor gezeltet und seine Gastfreundschaft und seinen Schutz genossen, und in einem langen Gespräch erzählte er mir, dass sein Sohn tatsächlich als der Gurdu Lama entdeckt worden und später verschwunden war, aber er vermied es, dieses Verschwinden zu beschreiben. Sein anderer Sohn, Ah Ta der Kühne – herzhaft und rätselhaft zugleich – besuchte mich mehr als einmal, und in unserem Gespräch umgingen wir manchmal diplomatisch das Thema der Person, des Schicksals und des Verbleibs des Ohrlosen, aber er erzählte mir wenig. Andererseits spekulierten viele seiner Stammesangehörigen bereitwillig über die Zukunft des Lamas mit dem umstrittenen Namen, zu dem sie eine instinktive parteiische Zugehörigkeit empfanden. Einer von ihnen, mit dem ich einen ganzen Tag auf Gazellenjagd ausgeritten war, war an einem anderen Tag mit Ah Ta zur „Verbrennung des Buddha" geritten und hatte von dem seltsamen Gebabbel des betrunkenen Musa, des Anzünders aller Feuer, gehört.

Der Ngawa-König hingegen besuchte mich zur Zeit des Prozesses und war zurückhaltend gesprächig – fast so, als ob er Rat suchte. Im folgenden Sommer lagerte ich tagelang vor der Tür seines Palastes, und einmal erzählte er mir kommentarlos von der Flucht, die mangels einer Feile scheiterte. Auf die Frage: „Wie ist es passiert?" lächelte er kurz, sah mir direkt in die Augen und murmelte: „Das weiß der Lama." Andere, sogar die Mitglieder des Hofes, sprachen freier und fragten sich, warum der Mönch, der diesen Versuch – und diesen Fehler – unterstützt hatte, nicht bestraft worden war. Der Verwalter des Königs, der immer noch an der Macht war, vermied es geschickt, über das Verschwinden seines Gefangenen aus dem Lager seiner Krieger im weiten Tal der Vogelgewässer zu sprechen, aber unter den Kriegern gab es auch solche, die sich fragten, wie sie selbst einer Strafe oder einem Verweis entgangen waren.

Auf dem Weg nach Ngawa in jenem Sommer besuchte ich eine Reihe von Stämmen – Kachuka, Chukama, Shami – und hörte vielen Gesprächen zu, die parteiisch, amüsiert, manchmal leicht sarkastisch, aber oft zunehmend glaubwürdig waren – Gesprächen, die sich wie ein Garnknäuel von den flinken Fingern einer Spinnerin abrollten; man sprach über das Geheimnis des Ohrlosen und zeigte mir sogar die Stelle am Ufer des Pfauenstroms, wo Spuren durch den Schnee bis zum Wasserrand geführt hatten.

Ich besuchte auch den Häuptling der Sohk-tsong, aber wir sprachen nur über Pferde, denn ich wollte einen der langohrigen Grauen für meinen eigenen Gebrauch erwerben. Nanjor, sein Sohn, schien von meiner Wahl beeindruckt zu sein und bemerkte, dass das Pferd, das ich wollte, einem Pferd glich, das einst vom Gurdu Lama geritten worden war. Er weigerte sich jedoch, den Namen des Gurdu Lama zu nennen, grinste aber und meinte, ich hätte vielleicht von mehreren Gurdu Lamas gehört.

Auch Musa, der Muslim, war ein Bekannter von mir, aber über den Gurdu Lama und all seine Angelegenheiten – einschließlich des Anzündens eines bestimmten Feuers – wollte er nicht sprechen. Für einen von Musas – bekannten – Gaben als Geschichtenerzähler und Lieferant von Neuigkeiten hatte dieses Schweigen vielleicht eine ganz besondere Bedeutung.

Alles, was ich in Gerüchten und spontanen Erzählungen hörte, und alles, was sowohl bewusst als auch durch Assoziation auf mich abfärbte, verschaffte mir die einzigartige Erfahrung, eine Reihe von Ereignissen zu sehen, die aus rein tibetischer Sicht zu einer unglaublichen Geschichte verknüpft sind; und zu spüren, wie eine Legende in der Folklore eines Volkes entsteht und Stück für Stück wächst. Was hier aufgeschrieben wurde, ist ein Versuch, diese Erfahrung weiterzugeben. Wie erfolgreich der Versuch ist, mögen Sie, die Leser, beurteilen, aber es gilt: Nur „der Lama weiß".

Der Lama weiß

I

Die Spuren führen zum Ufer des Wassers und enden dort. Keine kehrt zurück. Wie die schwarzen Spuren eines hastigen Stiftes auf einer neuen weißen Seite schreiben die Hufabdrücke eine Aufzeichnung in den Schnee: die Aufzeichnung, wie ein Pferd die Ebene im gleichmäßigen Trab durchquerte, bis es am abfallenden Ufer des Flusses abbog – oder gewendet wurde. Dort strauchelte es, versuchte zu wenden, kämpfte mit dem Gebiss und ging schließlich, angetrieben von den Knien und den dreschenden Füßen des Reiters, mit unwilligen Hufen, die lange Narben in den Schnee pflügten, bis zum Ufer und darüber hinaus.

Keiner der Reiter, die auf ihren Pferden sitzen und auf diese Spuren schauen, hat das alles oder irgendetwas davon gesehen. Und doch liest jeder von ihnen die Aufzeichnung fehlerlos. Bis zum Ufer des Wassers ist alles klar. Jenseits davon bewahrt die gelbbraune Flut der Pfauengewässer ihr eigenes Geheimnis, und das andere Ufer – das ferne, feindliche Ufer des Ngura – ist halb hinter dem Schnee verschwunden, der da und dort aus einer Wolke rieselt, deren rauchige Bänder auf der sich verändernden Oberfläche des Flusses ziehen.

Es ist das große graue Pferd des Gurdu Lama, das diese Spuren hinterlassen hat. Er überquerte die Ebene, nachdem der Schneefall in der frühen Nacht bis zum Verschwinden abnahm, doch so kurz vor Tagesanbruch, dass die wenigen Flocken, die die Morgendämmerung pulverisierten, die schwarzen Spuren, die er hinterließ, noch nicht einmal undeutlich gemacht haben. Fast hoffen die Reiter, den grauen Kopf mit den langen spitzen Ohren, die bei allen zwölf Stämmen berühmt sind, nach dem langen Schwimmen nahe an das andere Ufer herankommen zu sehen. Aber da ist nur die Oberfläche des Flusses, die sich unaufhörlich unter dem grauen Halbnebel windet, durch den Schnee noch immer fällt.

Sein Reiter war der Gurdu Lama selbst – die Inkarnation des heiligen Eremiten der Göttin der Tigerhöhle, die Vollkommenheit der Weisheit und der Erlöser der zwölf Stämme von Shimdrok –, der irgendwann in der Nacht aus der Tigerfelljurte des Lamas im Lager des Gurdu Ombo verschwand: vermutlich zur gleichen Zeit, als auch das graue Pferd aus der streng bewachten Umhegung der Pferdeherde verschwand.

Der Lama ritt ohne Sattel, denn kein Sattel fehlt, und hielt nicht am Ufer an, um sich auf die Überquerung in der orthodoxen Weise mit einem aufgeblasenen „Schwimmsack" als Schwimmer und dem Schweif des Pferdes als Zugseil vorzubereiten. Die Spuren machen dies als Tatsache deutlich. Im Vertrauen auf die Kräfte des großen Pferdes oder im Vertrauen auf sein eigenes Schicksal – im Guten wie im Schlechten – ritt der Gurdu Lama direkt in den Fluss.

Nur der Fluss weiß, ob er das andere Ufer erreicht hat.

Der Fluss sagt den Männern nichts, die in einem Halbring aufgereiht auf ihren Pferden sitzen und in die wolkenverhangene Morgendämmerung blicken. Keiner spricht oder bewegt sich, während die Morgendämmerung zum Tag aufhellt. Alle warten darauf, dass der Ombo spricht, und der Ombo, der mit dem Geheimnis des Verschwindens seines Lamas belastet ist – einem Verschwinden, das eine Tragödie heraufzubeschwören droht – zögert das Sprechen bis zum letztmöglichen Moment hinaus.

Wenn ihm doch nur der Fluss oder das andere Ufer – halb verborgen und feindlich – sagen würden, was er sagen soll. Nicht nur die Männer, die mit ihm bei der Verfolgung dabei sind, warten; bald wird das ganze Volk der Zwölf Stämme darauf warten, zu erfahren, was er über das Verschwinden seines Schützlings zu sagen hat: seines Schützlings, aber ihres Retters.

Sogar sein jüngerer Bruder, der zweite Ombo im Großen Haus von Gurdu, der so dicht neben ihm auf seinem Pferd sitzt, dass sich ihre Steigbügel berühren können, wagt kein Wort, sondern wartet nur darauf, dass der Ombo spricht. Und der Ombo, eingemummt in seinen weinroten Mantel aus Lhasa-Tuch, sitzt auf seinem weißen Pferd und schaut auf die Spuren und den Fluss; er sucht im grauen Nebel, im braunen Wasser und in seinen eigenen dunklen Gedanken nach dem, was er all denen sagen soll, die auf sein Wort des Kommentars oder des Befehls warten.

Der Gurdu Lama war der dritte Sohn der Familie von Bang Thzang Yzimba, dem Häuptling des Stammes von Rzachdumba: der dritte, jüngste und vielleicht der am wenigsten geliebte. Zumindest eine Zeit lang hatte der alte Bang Thzang Yzimba wenig Liebe für das Baby übrig, das das Leben seiner geliebten Frau gekostet hatte. Und auch die beiden älteren Brüder schenkten der heulenden kleinen Kreatur kaum

Beachtung. Nur die Dienerin, die ihn säugte, war völlig zufrieden, denn sie hatte wenige Tage zuvor ihr eigenes Kind verloren und nahm das hartnäckige und gewaltig hungrige Baby gerne an ihre schmerzenden Brüste. Es war auf die Welt und ins Leben gekommen, und der Tod war ihm dicht auf den Fersen, aber es klammerte sich mit grimmiger Beharrlichkeit an das Leben und gedieh trotz eines gewissen Mangels an Fürsorge.

Als das Kind drei Jahre alt war, entdeckte Yzimba plötzlich, dass es die langen, seltsam lohfarbenen Augen jener Frau hatte, die ihm immer die Liebste bleiben würde. Die frei urteilenden Zungen der Stammesangehörigen – gelegentlich zu kühn, aber doch geschmeidig für ehrliche Lobeshymnen – hatten diese Augen bernsteinfarben genannt, aber er erinnerte sich, dass sie manchmal mit Gold gesprenkelt waren. Einst hatte ein verängstigter Tapferer sie tatsächlich Tigeraugen genannt, aber Yzimba erinnerte sich an sie als warm und golden. Sein Gefühl der Vaterschaft erfuhr eine plötzliche, wenn auch verspätete Empfindung von Befriedigung, als er zum ersten Mal diese Augen im Gesicht des schmutzigen, nackten Bengel sah, der im geschützten Wind-schatten des Zeltes spielte. Von diesem Augenblick an begann er zu überlegen und zu planen, was er aus seinem dritten Sohn machen würde.

Der älteste Sohn sollte der Stammesführer werden. Ah Ta verschaffte sich bereits Gehör, wenn der Stammesrat tagte. Die jungen Männer hatten begonnen, ihm auf Raubzügen oder bei der Jagd zu folgen. Er würde der würdige Sohn von Bang Thzang Yzimba sein und den Namen Bang Thzang und des Stammes Rzachdumba groß machen, zumindest aber gefürchtet. Seine kühnen Augen und sein entschlossener Kiefer versprachen dies mit absoluter Endgültigkeit.

Der zweite Sohn war ein Lama. Ohne sein Zutun und ohne dass seine Eltern oder er selbst es wollten, saß er im Großen Haus von Kong Thang Tsang im Lamakloster von Labrang. Als er noch keine drei Jahre alt war, hatten ihn Omen, Anzeichen, die Verkündungen von Zauberern, Gottbesessenen und Horoskope, die von den obersten Lamas von Amdo erstellt wurden, als Inkarnation von Aluk Kong Thang ausgemacht. Er war nicht der größte aller Lamas von Labrang, aber auch nicht der geringste. Schon als Teenager hatte sich der junge Lama als geringerer Retter bewährt, und Bang Thzang Yzimba hatte durch den zweiten Sohn, der die gelbe Kappe in den Rezitationshallen von Labrang trug, an Privilegien und Einfluss gewonnen.

Der dritte Sohn konnte nur das werden, was sein Vater für ihn auswählte, und das war fast zwangsläufig das Mönchtum. Sicherlich sollte Bang Thzang einen Sohn an den Orden abgeben. Aber wenn er den kräftigen Körper des Kindes sah und die kindliche Wut und den Mut, die oft aus den langen gelben Augen blitzten, fragte sich Bang Thzang Yzimba manchmal, ob jene mit den bernsteinfarbenen Augen sich gewünscht hätte, dass ihr einziger Sohn Mönch wird. Oft ruhten die Rosenkranzperlen untätig in seinen schlaffen Händen, während sich seine Gedanken in Erinnerungen an das ferne Traumland der Zeit verwandelten. Und in diesem fernen Land würde er sich wieder fragen, was er aus seinem dritten Sohn machen würde. So wurde der Moment der endgültigen Entscheidung von Tag zu Tag verschoben, und das Kind wuchs heran.

In jenen Jahren begann Bang Thzang Yzimba auch seine eigenen Anbetungsgewohnheiten etwas zu ändern. Der Stamm von Rzachdumba und insbesondere die Familie von Bang Thzang hatten ein besonderes, eigenes Interesse an dem großen Gurdu-Lamakloster in Tahk Thzang Lhamo – Göttin der Tigerhöhle. Dreihundert Jahre zuvor hatte der große Rgyal-wo Wang von den Sohkwo das Land dem ersten Bang Thzang Yzimba, dem Häuptling des Flüchtlingsstammes der Rzachdumba, geschenkt. Später übergab der zweite Bang Thzang Yzimba den Ort des Lama-Klosters, einschließlich des heiligen Waldes und der Höhle der Tigergöttin, an den Eremiten, dessen Heiligkeit und Macht die Inkarnation des Gurdu Lama, des Erlösers der zwölf Stämme, begründete. Seit dieser Zeit war der Gurdu Lama in besonderer Weise der Wahrer und der Schützling von Bang Thzang.

Doch zu diesem Zeitpunkt war der Gurdu Lama bereits seit drei Jahren tot. Der zweite Sohn der Familie von Bang Thzang saß in den Rezitationshallen von Labrang. Mehr und mehr begann Bang Thzang Yzimba, in Labrang zu seinen religiösen Verpflichtungen nachzugehen. Die Rezitationshallen und Klöster von Gurdu liegen auf der anderen Seite des Hügels in der Nähe des Winterquartiers von Rzachdumba, und es dauert fünf Tage zu Pferd, um nach Labrang zu gelangen. Aber fünf Tage Reise bedeuteten dem Häuptling von Rzachdumba nichts, wenn er seinen Sohn sehen, anbeten und auch vorteilhaften

Handel tätigen konnte. Die Männer von Rzachdumba hielten sich auf dem Markt von Labrang auf und beteten die Heiligtümer an. Die Geschenke des Häuptlings und seines Stammes stapelten sich in den Audienzzimmern der Würdenträger, die die Angelegenheiten dieses größten aller Länder verwalteten, das jetzt noch größer war, weil Bang Thzang Yzimba seinen zweiten Sohn besuchte.[7]

Das Lamakloster von Gurdu hingegen wirkte allmählich verlassen, da sich die Stammesangehörigen von Rzachdumba nicht mehr auf seinen Innenhöfen aufhielten und seine Heiligtümer nicht mehr anbeteten. Die großen, vergitterten Tore des Großen Hauses des Lamas waren seit drei Jahren nicht mehr geöffnet worden, denn es gab keinen Gurdu Lama mehr, der herauskam und die Menschenmengen segnete. Es sah so aus, als würde es auch bald keine Menschenmassen mehr geben, wenn die Stammesangehörigen der anderen elf Stämme der großen Ebene dem Beispiel von Bang Thzang Yzimba und seinem Volk folgten.

Gegen Ende des dritten Jahres, in dem die Tore verriegelt waren und Gurdu um seinen Lama trauerte, der „ehrenvoll in den Zenit eingegangen" war, kam der Ombo, der Leiter des Großen Hauses des Lamas, aus seiner Abgeschiedenheit heraus und nahm wieder Kontakt mit dem Leben des Lama-Klosters auf. Die führenden und alten Mönche trafen sich immer wieder, und der Rauch von Weihrauchopfern und mächtigen Verbrennungen von Wacholderzweigen, die mit Butter, Salz, Getreide und Tee gewürzt waren, stieg von den Altären des Großen Hauses auf und kletterte zu den Klippen und dem Pfeilschrein des Löwenberggottes hinauf – wie ein Fragezeichen in den blauen, aber stillen Himmel geschrieben.

Die Mönche trafen sich zu besonderen Gesängen, und die schummrigen Nischen der großen Gesangshalle hallten von eindringlichen Gebeten wider. Wichtige Boten ritten auf den schnellsten Pferden des Großen Hauses, um den Zauberer von Rebkong oder den Erlöser von Kumbum zu befragen, und kehrten beladen mit einer Last von Geheimnissen und Botschaften zurück, die die Zukunft entschlüsseln sollten.

Die ganze Welt wusste, dass das Kloster Gurdu seinen neuen Lama suchte. Irgendwo in den Tausenden von Lagern und Dörfern von

---

[7] Hier geht es wohl um die Erweiterung des Einflusses durch Loyalität eines unabhängigen Stammes. R.J.

Amdo gab es eine Familie, deren dreijähriger Sohn sich offenbaren würde, nicht als Sohn seines Vaters, sondern als Inkarnation des großen Gurdu Lama – ein Gott, der sich in Fleisch und Blut offenbart. Hat Yzimba jemals an seinen dreijährigen Sohn – jenen mit den langen gelben Augen und den kindlichen Anfällen von Jähzorn – gedacht, als die Nachricht von dieser Suche von Lager zu Lager und von Stamm zu Stamm weitergereicht wurde? Als die offizielle Delegation zu seinem Lager kam und sein Zelt betrat, zeigte er sich jedenfalls nicht überrascht.

Der große Zauberer von Rebkong, der Anführer der Schwarzhutzauberer – jener mit dem langen Haar von drei Klafter Länge – hatte nach tagelangen Auseinandersetzungen mit Göttern und Dämonen durch Lippen, die vor blutiger Spucke und Schaum tropften, verkündet, dass der Gurdu Lama gefunden werden würde, wenn man so reist, wie der Rabe vom Schrein des Eisenberggottes zur Höhle des legendären Horling fliegt. Schon bei der ersten Befolgung dieser Anweisungen, die eher von den Toten als von den Lebenden zu stammen schienen, zeigte sich, dass das Winterlager von Bang Thzang der einzige bewohnte Ort auf der gesamten Länge dieser imaginären Linie war.

Zwischen den Pausen einer besonderen Lesung des Kangyur durch seine heiligsten Lippen hatte der Erlöser von Kumbum gesagt, dass der Gurdu Lama in einer Familie von Häuptlingen und Lamas zu finden sein würde: ein Kind aus einer edlen Linie.

So kamen die Gerüchte zum Lager des Rzachdumba-Häuptlings, noch bevor die offizielle Delegation des Großen Hauses von Gurdu ihre Pferde vor seinem Zelttor festband, und es begann die lange Runde der Beratungen und Verhandlungen, die damit endete, dass der kleine Shiang Cheung, immer noch schmutzig und halb bekleidet, aber mit langen gelben Augen, die keine Furcht, sondern nur ein gewisses wachsames Misstrauen gegenüber allen Fremden zeigten, zum Gurdu Lama heiligen Andenkens, zum Aluk der Göttin der Tigerhöhle, zum Retter der zwölf Stämme und zum Ruhm der Mönchsgemeinschaft von Tahk Thzang Lhamo erklärt wurde.

Nach diesem Tag lebte er noch vier Jahre lang zu Hause, aber er war kein schmutziger Bengel mehr, der halb bekleidet im Windschatten des Zeltes spielte, sondern ein verwöhnter, in Satin gekleideter Liebling, dem der wärmste Platz am Feuer und die Leckerbissen jeder Mahlzeit sicher waren. An dem Tag, an dem das alte Jahr dem neuen Platz machte und er sieben Jahre alt wurde, wurde er offiziell vom Großen Haus von Gurdu aus seinem Zuhause freigekauft und im Palast des Lamas untergebracht. Endlich hatte der Lama den goldenen Thron bestiegen, und das Lamakloster von Gurdu begann, aus seiner langen Verfinsterung hervorzutreten.

Am selben Tag übernahm der junge Ah Ta vom alten Yzimba die tatsächliche Führung des Stammes und kümmerte sich um die Hunderte von Rindern und Pferden, die der Familie von Bang Thzang als Lösegeld für den Lama geschenkt worden waren. Yzimba selbst wurde nun als „Heiliger Widder" bezeichnet, und nachdem er zwei Lamas gezeugt hatte, konnte er sich auf Tage des Friedens und eine Position des Einflusses freuen, die größer war als bloße Autorität, während er seinen Sohn, den Gurdu Lama, besuchte. Selbst der allmächtige Ombo musste die Person und die Worte des geheiligten Vaters anerkennen.

Zehn Jahre vergingen, und der dritte Sohn von Bang Thzang Yzimba war das Idol der zwölf Stämme geworden. Er war gottgleich in seiner Schönheit, und die lohfarbenen Augen verstärkten seine gottgleiche Statur und Erscheinung. Auch waren sie gelb, wenn auch in einem anderen Farbton als das heilige Gelb der Mütze und der heiligen Gewänder des Lamas. Auf dem Pilgerweg und in den Klöstern von Gurdu war nichts als Lob und Bewunderung zu hören, und die Menschen der zwölf Stämme waren mit ihrem Gott sehr zufrieden.

Den Tausenden, die sich am Tag des Wunschgebetsfestes versammelten, erschien er goldener und glorreicher als je ein Holm[8] gewesen war, und seine Anwesenheit und Schönheit beherrschten sogar den Prunk und das Drama des Alten und Neuen Tanzes. Dieses Drama der Überwindung der Sünde schien nur der goldenen Gestalt auf dem goldenen Thron seinen Tribut zu zollen. Er bewegte seine Hände, und Tausende verneigten sich, um seinen Segen zu empfangen; er öffnete seine Lippen, und Tausende spannten sich an, um seinen Segen zu hören, und die Augen der Menge folgten, wie von einem Magneten angezogen, dem Schimmer dieser gelben Augen – aber sie nannten sie bernsteinfarben.

---

8 Mit welcher Absicht der Autor hier gerade diesen Begriff verwendete, kann wahrscheinlich nur in tiefer Meditation erkannt werden ... R.J.

Der Ombo, der sowohl die Menge als auch den Lama beobachtete, war sehr zufrieden.

Zwei Jahre vergingen, und jemand hatte gesagt, diese bernsteinfarbenen Augen seien Tigeraugen. Selbst die Zensur des Lamaklosters konnte die Zungen der Mönche nicht aufhalten, denn es war allgemein bekannt, wurde in den Gassen und Klöstern geflüstert – sogar in der Gesangshalle selbst –, dass der Gurdu Lama nicht auf den Ombo hörte, dass er in vielen Dingen seinen eigenen Weg gehen wollte und dass für einen Lama, der das heilige Gelb trug, seine Wege seltsam und seine Wünsche wild waren. Monat für Monat ging der Kampf weiter, und überall in den zwölf Stämmen wurde geflüstert, was der Ombo zum Lama sagte und zunehmend auch, was der Lama zum Ombo sagte.

Der Lama unterlag niemals einem Wandel. Er war immer und ewig der Lama, egal was er tat.

Der Ombo aber – das war etwas anderes. Doch dieser Ombo hatte seine Position während der aufeinanderfolgenden Lebenszeiten von zwei Lamas gehalten, bevor der mit den gelben Augen kam. Es war der Ombo oder vielleicht sein Bruder, der sagte, dass diese Augen Tigeraugen seien, und die Mitglieder des Gefolges im Großen Haus des Lamas lernten, diesen Schimmer zu erkennen. Langsam begannen die Mitglieder der Mönchsgemeinschaft, die Mitglieder des Rates des Lamaklosters und die Mitglieder des Haushalts des Großen Hauses, bis hin zu den Köchen und Herbergsmännern, in dem immer intensiver werdenden Streit Partei zu ergreifen.

So stand es um diese Angelegenheit, als das Lager des Hauses des Lamas in der Nähe der Biegung des Pfauenwassers aufgeschlagen wurde. In dieser Nacht aber sprachen die Mitglieder des Großen Hauses des Lamas im Flüsterton und warteten voller Befürchtung auf das, was kommen würde, denn in der Jurte aus Tigerfell sprachen der Lama und der Ombo miteinander, wie sie noch nie miteinander gesprochen hatten. Womit drohte der Ombo dem Lama, und was war die Gegendrohung des Lama? Diejenigen, die glaubten, etwas gehört zu haben, wagten nicht, es auszusprechen.

Doch das Echo dieses Streits hallt in den Ohren der Reiter wieder, die auf ihren Pferden sitzen und darauf warten, was der Ombo sagen wird. Vielleicht sind diese Echos auch in den Worten des Ombo zu hören, als er endlich spricht.

„Sinnlos, den Fluss zu überqueren. Wir folgen dem Ufer flussabwärts. Es gibt zwei Stellen, an denen wir suchen müssen." Ohne ein weiteres Wort der Erklärung oder Anweisung wissen die Männer, dass sie nach einem toten Lama suchen müssen, nicht nach einem lebenden. Nicht weit flussabwärts gibt es einen großen Strudel, in dem die Strömung durch Felsen fließt, die ihr Bestes tun, um das Wasser des heiligen Flusses zu fangen. Unterhalb dieses Strudels gibt es ebenfalls eine Stelle, an der der Fluss voller sandiger Inseln und Sperren ist und sich unsicher in mehrere Kanäle aufteilt. An diesen beiden Stellen müssen die Reiter mit Befürchtung und Vorahnungen nach ihrem Lama Ausschau halten. Unter dem Klirren und Klappern von Trensen setzen sich die Pferde in Bewegung, und plötzlich spricht der Ombo wieder.

„Nicht nötig, dass alle dem Ufer folgen. Mein Bruder und ich werden dem Bach bis zum Strudel folgen. Der Rest von euch reitet über die Ebene zu den Sandbänken am zweiten Knick des Pfauenwassers. Wir werden dort mit euch den Mittagstee trinken. Bereitet ein rauchiges Feuer, damit wir euch finden können."

Die Reiter machen sich auf den Weg, aber der Ombo und sein Bruder sitzen immer noch auf ihren Pferden und schauen auf den Fluss, der keine Geschichten erzählt, so sehr sie sich auch wünschen mögen, er würde sprechen.

II

Tausende von Stammesangehörigen stehen oder sitzen im Kreis auf der Ebene von Ka-chu-kha, die sich von den Bergen bis zum Horizont wie ein großer Teppich ausbreitet – braun, rostbraun und sogar zitronengelb – unter einem wolkenlosen Himmel. Diejenigen, die so geduldig stehen oder sitzen, kommen aus vielen Stämmen: die Nomaden der Shim-drok-Ebene, Rong-wa aus dem Land der Bauernhöfe, – wo das Wasser, das von der tibetischen Hochebene abfließt, Täler bis hinunter auf jene Höhe geschnitten hat, auf der die Ernten heranreifen können –, Sohk-wo aus den „schwarzen Zelten" und sogar Goloks aus dem Quellgebiet des Pfauenwassers oder aus den Ausläufern des Amne Machen.

Der Kreis bildete sich bald nach Tagesanbruch, und die Polizei-Mönche des Lamaklosters patrouillierten mit ihren langen Peitschen ohne Rücksicht auf Verluste am Rand, um den Kreis groß genug zu halten. Doch nun ist alles still, und die Menschen von Amdo warten voller Erwartung, gleich einem zu lange angehaltenen Atem, auf die „ehrenvolle Verbrennung des Körpers des Lama".

Bei Tagesanbruch ist der Scheiterhaufen für die Bestattung fertig.

Von ihren Biwaks aus, an Hunderten von Lagerfeuern, beobachteten die Stammesangehörigen die Bewegung der Fackeln durch die Nacht, die zeigten, wie die Mitglieder des Großen Hauses und die Mönche von Gurdu sich auf die Verbrennung ihres Lamas vorbereiteten. Sie konnten die Fackeln zählen, die durch die Dunkelheit tanzten und über die Größe des Scheiterhaufens spekulieren, der gerade errichtet wurde. Aber niemand ahnte, dass der Scheiterhaufen so groß werden würde wie das, was der Tagesanbruch offenbarte: aufgetürmte Balken, hoch wie ein großes Haus. Noch im Halbdunkel nicken sich die Zuschauer zu und sagen,

„Die Mönche haben gut daran getan, eine große Verbrennung des Goldenen Lamas vorzubereiten, der in den Fluten des großen Flusses ertrunken ist."

Denn er, der Goldene Lama, ist ertrunken. Er hat es nicht geschafft, an das andere Ufer zu schwimmen. Der Ombo und sein Bruder haben den Leichnam gefunden, steckengeblieben in den Fangzähnen der Felsvorsprünge, die sich in den großen Strudel bohren. Sie haben ihn

– nur sie beide – in die Jurte aus Tigerfell gebracht, und um diese dunkle Ruhestätte herum haben die Mönche von Gurdu zehn Tage und Nächte lang unablässig gewacht; ihre unaufhörlichen Gebete stiegen mit dem Wind, schienen bei Sonnenuntergang zu ersterben, aber sie verstummten nie ganz, denn sie rezitierten die letzten Gebete und Anrufungen, die ihrem Erlöser folgen würden, der „ehrenvoll in den Zenit gegangen ist".

Während dieser zehn langen Tage versammelten sich die Stammesangehörigen; ihre Zelte und Lagerfeuer breiteten sich immer weiter über die Ebene aus, bis es schien, als sei ganz Amdo versammelt, um dem Gurdu Lama, der nun „ehrenvoll in den Zenit gegangen ist", Ehre zu erweisen und dem Großen Haus von Gurdu Trost zu spenden. Jeder hat sein Beileidsgeschenk mitgebracht.

Von der Morgendämmerung bis weit nach Einbruch der Dunkelheit haben die beiden Ombos gesessen, um die Gäste zu befragen und Geschenke entgegenzunehmen. Jeder hat seine Rede gehalten: eine Mischung aus Lobeshymnen, Plattitüden, schlauen Sprüchen und weltlichen Weisheiten sowie echter Trauer und Bedauern. Und jeder hat sein Geschenk überreicht. Die Stammesführer und reichen Männer haben Rinderherden, wertvolle Ochsen, berühmte Pferde, Ballen von Lhasa-Wolle und Barren aus weißem Silber mitgebracht. Enormer Reichtum ist in die Schatzkammer des Großen Hauses von Gurdu geflossen. Die Ballen geschenkten Tees wurden zu einem Stapel aufgeschichtet, der wie das Lager eines Sungp'an-Teekontors aussieht, die Silberbarren haben all die Truhen gefüllt, so heißt es, die Stoff- und Brokatballen haben eine Wand an der Rückseite des Gästezeltes gebildet, und die Hirten der Gurdu-Herden sind Tag und Nacht damit beschäftigt, sich um die Rinder- und Pferdeherden zu kümmern, die täglich neu unter ihre Verantwortung fallen.

Auch wird jeden Tag ein enormer Reichtum ausgegeben. Hunderte, ja Tausende von Gästen werden mit Tee, Mahlzeiten und Fleischportionen bewirtet. Geschenke aus Silber und Halbedelsteinen werden allen zu Besuch eingetroffenen Lamas gemacht, die gekommen sind, um zu beten, nicht *für*, sondern *wegen* eines anderen Lama, der „ehrenvoll in den Zenit gegangen ist." Bestimmte große und heilige Persönlichkeiten, darunter der Zauberer von Rebkong, werden beauftragt, zu meditieren, die Zukunft zu lesen und orakelhafte Ratschläge zu erteilen, was zu tun sei. Die Mitglieder des Großen Hauses von Gurdu scheuen keine Kosten und Mühen, damit die Tage der Bestattung ihrem Lama und dem Lamakloster zur Ehre gereichen. Hunderte von Lastochsen sind in die nächstgelegenen Wälder am Ende des Zaru-Tals geführt worden, zwei Tagesreisen entfernt, und Hunderte von Holzstämmen wurden quer über die Schami-Ebene geschleppt, um diesen großen Scheiterhaufen zu errichten.

Doch die Stammesangehörigen sind nicht nur gekommen, um dem Goldenen Lama ihre Aufwartung zu machen. Sie sind gekommen, um Handel zu treiben, zu diskutieren, Pläne zu schmieden und die Runde ihrer Existenz mit neuer Aufregung zu füllen. Diebe sitzen an ihren winzigen Lagerfeuern am Rande der Versammlung und lauern bei Tag und Nacht auf ihre Chance. Häuptlinge treffen sich, um neue Bündnisse zu schließen und alte Differenzen zu bereinigen; oder vielleicht werden in einem plötzlichen Aufflackern von Zorn und lauten Stimmen neue Kriege geboren. Brautentführungen werden geplant und Rendezvous verabredet, während Männer und Frauen von einer Feuerstelle zur anderen gehen, und die Ebene von Ka-chu-kha ist plötzlich mit dem ganzen Drama der tibetischen Existenz bevölkert.

Doch in all den Gesprächen übertrifft eine Frage alle anderen an Häufigkeit, selbst nachdem sie schon unzählige Male beantwortet wurde. Vor allem die Nomaden sind insgeheim unzufrieden und misstrauisch gegenüber ihren Nachbarn, den Bewohnern der Täler, und lassen ihre Hände in Bereitschaft schwer auf ihren Schwertgriffen ruhen.

Warum wird der Gurdu Lama, die Summe der Vollkommenheiten und der Erlöser der Shimdrok, die, wohlgemerkt, Nomaden sind, verbrannt und erhält nicht das Himmelsbegräbnis, in welchem die Geier von irgendeinem hohen und heiligen Berggipfel herabsteigen und eine saubere Entsorgung auf die bevorzugte nomadische Weise vornehmen könnten?

Die erste offizielle Antwort auf diese Frage sickert durch das Lager, nachdem der Sohk-tsong-Lama eingetroffen ist, der sagt, dass ein Lama, der durch die Bösartigkeit des Wassers ertrunken ist, mit Feuer verbrannt werden muss, um diesen bösen Einfluss zu überwinden. Der Rebkong-Zauberer gibt die gleiche orakelhafte Antwort, und die Nomaden müssen sich damit zufrieden geben. Doch ihr Verdacht lässt sie nicht ruhen, und sie starren ihre Nachbarn, die elenden Rong-wa, an, denn das Verbrennen ist die Methode, die die Tebbu-Dorfbewohner anwenden, um ihre Toten zu entsorgen.

Doch nun sind alle Fragen und Streitereien beendet, und die Stammesangehörigen warten auf die letzte Szene: das Anzünden des Scheiterhaufens und die vollständige Verbrennung. Mit der Fackel in der Hand schlüpft Musa, der Moslem, in den Kreis und nähert sich dem großen Holzstapel, der so kunstvoll aufgeschichtet wurde. Doch Musas Schritte sind nicht sehr sicher, und selbst nachdem er den Scheiterhaufen erreicht hat, scheint er Schwierigkeiten zu haben, die Flammen der Fackel auf das in der Mitte des Stapels liegende, für die Entfachung des Feuers bestimmt Holz zu richten.

Er unternimmt mehrere vergebliche Versuche, die sogar dazu führen, dass die Gewänder aus Brokat und gelbem Satin, die den Körper des Lamas bedecken, etwas in Unordnung geraten. Besorgtes Murmeln und verzweifeltes Wimmern gehen, wie ein stürmischer Seufzer, durch den Kreis. Aber dieselbe abergläubische Furcht, dieselbe Befürchtung, ein unnennbares Sakrileg zu begehen, die das Große Haus von Gurdu gezwungen hat, Musa, den Muslim, mit dem Anzünden des Scheiterhaufens zu beauftragen, hält jeden Mann an seinem Platz. Kein tibetischer Nomade, Rong-wa, Golok, Sohk-wo, Häuptling, „tapferer Sohn" oder elender Dieb – wie kühn auch immer – würde die Flamme an diesen Scheiterhaufen legen.

Es ist die richtige Art von Aufgabe für Musa, den Muslimen. Jeder kennt ihn. Seit dreißig Jahren lebt er in den Zelten der Nomaden und reist von Ort zu Ort, treibt geschickt Handel, aber nie im großen Stil. Die Männer kennen ihn als Lügner, Trunkenbold und Betrüger, aber trotz alledem als einen guter Kerl, der zumindest Mut bewiesen hat. Auch viele der Frauen kennen ihn: ein Muslim, schamlos wie der wildeste Tibeter und einer, der mit jeder willigen Dirne schläft, die er finden kann. Vom islamischen Glauben sind ihm nur noch Fetzen des Glaubensbekenntnisses des Propheten geblieben. Schweinefleisch isst er nicht, und in betrunkenen Momenten prahlt er mit jenem Anzeichen des Islam, das er in seinem Fleisch trägt. Diese Reste eines harten und fremden Glaubens, zusammen mit natürlichem Mut und Habgier, haben ihn zu der heutigen Tat befähigt, in deren Rahmen er eines der besten Pferde der berühmten Gurdu-Pferdeherde erhalten soll.

Musa hat jedoch so lange unter den Tibetern gelebt, dass ihm ihre Götter und auch ihre Befürchtungen sehr nahe sind. Glaube, Mut und Gier müssen noch gestärkt werden, und Musa trinkt seit langem vor Tagesanbruch aus einer Vielzahl von Krügen an ebenso vielen Lagerfeuern. Die Nomaden haben ihm wenig zu bieten, aber die Tebbus kennen nur eine Art, ein Ereignis zu feiern und haben ihr eigenes Fest in kleinen braunen Krügen mitgebracht. Ausnahmsweise sind sogar sie großzügig. So sind seine Schritte unsicher und seine Hände unbeholfen und unsicher bei der Erfüllung seiner Aufgabe, während die Stammesangehörigen den Atem anhalten und der Goldene Lama, eingehüllt auf seinem letzten Thron, auf die zögerlichen Flammen wartet, die so langsam aus der schwankenden Fackel aufsteigen.

Doch schließlich fangen die Flammen an zu brennen und Musa nimmt seinen Zickzackkurs zurück zum Rand des Kreises. Sein Werk ist vollbracht, und trotz seiner Gier, seines Mutes und seines Glaubensbekenntnisses ist sein Gesicht gelb vor Angst. Er braucht und findet tatsächlich den größten braunen Krug, der je in die Satteltasche eines Tebbu gepackt wurde, und die Stammesangehörigen sehen ihn vorerst nicht mehr.

Sie sehen nur einen Holzstapel, der vom wildesten Brand erfasst wird – als hätte die Hölle selbst eines ihrer Tore in der Ka-chu-kha-Ebene geöffnet. Aus den Hölzern des Stapels tropfen Flammen und Asche, und das Tosen des Feuers wird durch das Knistern und die scharfen Explosionen, die brennende Holzstücke in die Luft schießen, in zerrissene Klangfetzen zerlegt. Die Flammen verschmelzen zu einem Schleier aus bläulichem Dampf, der sich in Rauch verwandelt; blau und grau, wenn er zum blauen Himmel aufsteigt, aber stechend und scharf, wenn er um den Kreis herumschweift und vom Wind, der mit dem Beginn des Nachmittags aufgekommen ist, wieder zur Erde geschlagen wird.

Dann steigt aus den Roben des Goldenen Lamas plötzlich ein schwarzer Schirm aus dichterem Rauch zum Himmel auf, und in die Nasen der Menge, die bereits von Holzrauch und Asche gestochen wurden, steigt ein schwerer, bitterer Geruch auf: widerlich und doch vertraut. Es ist der Geruch, der entsteht, wenn ein Topf mit Fleisch über einem heftig lodernden Feuer kocht; der Geruch, der unter dem Brandeisen hervorquillt: der Geruch von brennendem Fleisch. Ein unterdrücktes Stöhnen geht durch die Runde, als die Stammesangehörigen endlich die Verbrennung des Körpers des Lamas wahrnehmen. Etwas, das so hartnäckig schwarz ist wie die Rauchwolke darüber, sinkt tiefer in den glühenden Ofen im Herzen des Scheiterhaufens, und die Flammen spielen ein wildes Fangspiel mit jedem Holz und jedem Stock auf dem Scheiterhaufen, bis sie zu einem einzigen Pulsieren von Hitze, im Takt des Windes, verschmolzen sind. Niemals werden die Stammesangehörigen von Amdo die Verbrennung des Goldenen Lama vergessen. Sicherlich sollten sie zufrieden sein, dass die Flamme, die an diesem Tag entzündet wurde, die Bösartigkeit der Flut, die ihn getötet hat, überwunden hat. Die nächste Emanation des Lamas sollte frei von diesem unheilvollen Einfluss sein.

Das Dröhnen des Feuers geht in den Gesang der Mönche über, die lauter denn je beten, und die Asche, die noch heiß, aber weiß wie Raureif ist, beginnt sich über die Menge zu senken, die auf das Ende wartet. Doch sie sehen nicht bis zum Ende zu, denn Reiter reiten an den fernen Lagerfeuern vorbei zum Rand des Kreises: Reiter auf verschwitzten Pferden und voll bewaffnet, obwohl sie ihre Hüte abnehmen, um die heilige Verbrennung zu begrüßen.

Die zweite Frage, die in den Gedanken von Hunderten verborgen war, findet dann ihren Weg zur Sprache, und die Menschen fragen, was sie bisher nicht einmal geflüstert haben.

„Warum sind die Männer von Rzachdumba nicht zur Verbrennung des Lamas gekommen, der der dritte Sohn aus dem Zelt von Bang Thzang war?"

Aber die Frage ist durch die Ankunft der Reiter schon halb beantwortet, denn der Anführer der Reiter ist Ah Ta selbst, *de facto* Häuptling und Bruder oder Halbbruder dessen, der nun „in Flammen zum Zenit gegangen ist". Doch Ah Ta ist trotz seines harten Rittes – wie der schäumende Zustand seines großen schwarzen Pferdes beweist – zu spät gekommen.

„Aber warum zu spät? Warum zu spät?", flüstern einige aus der Menge, als sie dem schwarzen Pferd Platz machen.

Ah Ta antwortet nicht auf diese Frage. Vielleicht weiß er die Antwort nicht. Vielleicht weiß es der Ombo, aber von seinem sicheren Sitz inmitten der Mönche von Tahk Thzang Lhamo aus macht er nur eine kurze Geste zur Begrüßung und ordnet an, dass für die Neuankömmlinge Unterhaltung angeboten werden soll. Und Ah Ta scheint trotz der kühnen Linie seines Kiefers und seines Mundes, der sich früh zu verhärten begonnen hat, unsicher darüber zu sein, was er tun soll.

Der Wind wirbelt eine große Handvoll Asche auf und verstreut sie über die Menge, die sich aufzulösen beginnt. Das Feuer ist zum Rand des Platzes hin, wo der Scheiterhaufen aufgebaut war, zu schwelenden Glutresten erloschen. Von dem Goldenen, der der dritte Sohn im Zelt von Bang Thzang war, ist nur noch Asche übrig. Mit einem halben Seufzer wendet sich Ah Ta von dieser Asche ab, die sich bereits in die Leere der unpersönlichen Existenz verstreut hat, und reitet auf seinem Pferd zum Gästezelt, wo das Essen für ihn und seine Männer aufgefahren wurde.

Er ist zu spät gekommen, um die Verbrennung seines Bruders zu sehen. Die Tatsache selbst überschreitet den Grund und die Lösung des Problems, das sie aufwirft. Zu seinen Männern und zu allen Menschen, die ihm zuhören könnten, sagt er ganz schlicht:

„Wir sind zu spät gekommen, um zu sehen, wie der Gurdu Lama ehrenvoll in den Flammen zum Zenit aufsteigt."

III

Wieder sitzt der Gurdu Lama auf seinem goldenen Thron. Aber dieser Lama ist ganz anders als der Lama mit den gelben Augen. Auch er ist das Kind eines adligen Hauses, der vierte Sohn des Thsa-ru-ma-Häuptlings, der über das Thsa-Ko nahe der Grenze zu Szechuan herrscht. Auch er wurde im Alter von sieben Jahren mit Tausenden von Rindern und großem Reichtum freigekauft und in das Große Haus von Gurdu gebracht, um seine Lektionen zu lernen und so aufzuwachsen, wie ein Lama aufwachsen sollte. Aber er ist trotzdem anders. Er lernt seine Lektionen gut, auch nachdem die beiden alten Ombos vor einem Jahr gestorben sind, denn er ist ein sanftmütiger und freundlicher Junge.

Seine beiden älteren Brüder sind nun die neuen Ombos und auch sein Vater, der neue Heilige Widder, lebt im Großen Haus von Gurdu. So sind die Geschicke zweier großer Distrikte – Thsa-ru-ma und Gurdu – in seiner Person verbunden. Seine Schwester ist seit kurzem mit dem König von Ngawa verheiratet, und diese Heirat hat eine dritte Partei zu einer Kombination von wachsender Macht und Einfluss hinzugefügt.

So sitzt der Lama auf seinem goldenen Thron und überblickt den Festzug des Wunschgebetsfestes, und für die Hunderte von Zuschauern, die sich in einem dichten Ring versammeln und den Platz bis in die letzten Ecken ausfüllen, ist er ein Gott, golden in der Sonne, alters- und zeitlos in seiner fortwährenden Existenz und Arbeit für die Menschenkinder. Schon beim Flüstern seines Namens verneigen sich die Köpfe in Anbetung, und die alten Stammesangehörigen, deren Gesichter von der zu hellen Sonne zerknittert sind, rechnen mit einem Jahr des Segens, weil sie den Gurdu Lama wiedergesehen haben: die Vollkommenheit des Segens und der Retter von der Tigerhöhle, der durch seine Anwesenheit das Wunschgebet lohnenswert macht.

Für seine Brüder, zwei scharfsinnige junge Mönche, die sich ihrer Macht und ihres Einflusses als Ombos des Gurdu Lama selbstgefällig bewusst sind, für die scharfsinnigen Lehrer und Berater des Großen Hauses von Gurdu und für den Abgesandten aus Ngawa, der zum ersten Mal nach Gurdu gekommen ist und der sein Gesicht halb in den Falten seines Mantels verbirgt, während er die Menschenmenge beobachtet und auf seinen Perlen zu rechnen scheint, ist der junge Lama weder ganz Gott noch ganz Mensch, sondern ein seltsam mächtiger

Dreh- und Angelpunkt für künftige große Angelegenheiten – reibungslos oder gar nicht. Für seinen Vater, den Heiligen Widder von fast achtzig Jahren, ist er völlig unverständlich: Kind seines Alters, Gott der letzten Hoffnung eines irdischen Sonnenuntergangs, die Quelle einer Macht und Position, die die alten Augen täglich mit einem benommenen Staunen erfüllt. Was ist er für sich selbst? In all seinen zwölf Jahren hat er sich diese Frage noch nie gestellt. Alle sagen ihm, er sei der Gurdu Lama. Das ist genug.

Er weiß jedoch, dass er sich langweilt, während sich der Tanz des Wunschgebetsfestes langsam auf sein Ende zubewegt, und die einzige Erleichterung von dieser Langeweile bieten ihm die Spielzeuge, die seine Brüder in die Falten der gelben Roben gelegt haben. Der chinesische Hausierer mit der bimmelnden Trommel ist das beste von allen, und seine Finger drehen den winzigen Griff der Trommel, die ihren eigenen schwachen Rhythmus schlägt. Aber seine Hände sind diskret gesenkt, und die Zuschauer auf dem Platz unter ihm denken nur an einen Rosenkranz, der sich durch die Hände bewegt, die wie die Handflächen Buddhas sind – um mit dessen Perlen die den Zuschauern zugedachten besonderen Segenssprüche zu zählen.

Einige der Zuschauer haben jedoch scheinbar aufgehört, an den Tanz des Wunschgebets oder die Gegenwart auf dem goldenen Thron zu denken. Fünf Stammesangehörige und ein ebenso schmutziger, aber etwas anders gekleideter Fremder, verbunden in einer plötzlichen Gemeinschaft von Interesse und glühender Freundschaft, verlassen den Platz, – verbunden durch ein Band, das eng mit Tebbu-Whiskey und Streit geknüpft ist –, halten aber inne, um ihren Streit zu beenden und zu schlichten, wo die breiten Stufen des großen Eingangs zum Innenhof ihnen Platz zum Sitzen und eine gewisse Ruhe bieten. Nur das gleichmäßige Schlagen der großen Trommeln und das gelegentliche Schmettern der Trompeten können ihr Gespräch stören, das vor Hitze und Unmittelbarkeit pulsiert, obwohl es von Dingen handelt, die zehn Jahre und mehr zurückliegen.

„Warum hätte er verbrannt werden sollen? Warum?"

Der alte Nomade erhält von seinen Gefährten keine Antwort auf seine Frage und fährt fort.

„Manche Reliquien werden mit Blattgold überzogen und für immer trocken aufbewahrt. Ja, für immer. Oder zumindest länger, als Menschen leben können. Ich habe die Reliquie des früheren Erlösers von Kumbum gesehen, die wie eine geschrumpfte Statue war und hundert Jahre überdauert hat. Warum nicht das? Stattdessen haben sie ihn verbrannt wie einen gewöhnlichen Tebbu – einen dreckigen, elenden Tebbu."

Sein Ekel könnte nicht weiter reichen, und er sucht Trost in Tebbu-Whiskey, wischt sich die Lippen ab und stürzt sich mit einer plötzlichen irrationalen Wut auf den, der ihm am nächsten steht.

„Und du bist der alte Teufel, der den Haufen in Brand gesteckt hat. Du – Chinese oder Moslem oder was auch immer du bist, Lama-Verbrenner – Koch von Menschenfleisch ... Und von der Reliquie des Lamas auch!"

Musas alter Verstand weigert sich zu arbeiten, oder zumindest rechtzeitig zu arbeiten, aber einer der anderen spricht.

„Gebt Musa nicht die Schuld. Er war nur ein 'tapferer Sohn', der tat, was jemand tun musste und was zu tun sich sonst niemand traute. Du bist ein mutiger Bursche, Musa. Ein tapferer Sohn, obwohl du kein Tibeter bist."

„Ja, und ein großes schwarzes Pferd hat er sich dafür auch genommen. Musa, der sogar die Frauen bestiehlt, mit denen er schläft. Er hat sich ein Pferd mit dem Verbrennen der Leiche des Lama verdient. Du Lama-verbrennender Muslim, hier, trink einen Schluck. Du warst an diesem Tag auch betrunken. Ich habe gesehen, wie du gestrauchelt bist, als du den Lama verbrannt hast. Du hast unseren Lama verbrannt, den man mit Blattgold hätte bedecken und hundert Jahre aufbewahren sollen. Lama-verbrennender Moslem, du erbärmlichster ..."

In einem trunkenen Dunst, der wie eine Gewitterwolke in der Explosion von Beschimpfungen und Beleidigungen aufgewühlt ist, arbeitet Musas Geist verwirrt an einer Art Selbstverteidigung. Unter all den Dingen, an die er sich erinnert, oder an die er sich zu erinnern glaubt, gibt es etwas, das alles widerlegen kann, was sein Peiniger sagt. Oder ist es etwas, das ihm ein anderer erzählt hat, als er nach der Verbrennung des Lamas so betrunken war? Die Männer von Rzachdumba sprachen mit ihm und erzählten ihm an diesem Tag viele Dinge. Er sei an diesem Tag zu schnell oder zu früh oder zu sehr irgendetwas gewesen, sagten sie. Er erinnert sich auch daran, dass sie über das Pferd, das er verdient hatte, lachten und sagten, es sei nicht genug. Auch das gehört zu den Sticheleien, die seinen Verstand und seine Zunge zu einer Art von Sprache peitschen. Mit dem heißen Schluck Whiskey in der Kehle wird die Rede freigegeben.

„Das Pferd war ein armes Pferd. Groß ... ja, groß ... aber ..."

An irgendetwas an dem Pferd kann er sich nicht erinnern.

„Groß, aber nicht genug; es hätten zwei sein sollen", verkündet er mit beschwipster Feierlichkeit.

Betrunkenes Gelächter erschüttert seine Zuhörer und sie halten sich gegenseitig fest. Es ist typisch für einen Muslim, über den Preis oder die Anzahl zu streiten. Aber die Fakten bleiben.

„Lama-Brenner, Lama-Brenner."

Sie skandieren es in einem murmelnden Refrain und reichen ihm den Krug im Geiste trunkenen Spottes. „Du hast den Goldenen Lama verbrannt; der Lama weiß es. Jemand sollte dich verbrennen", schreien sie mit plötzlicher Wut. Aber Musas Verstand arbeitet weiter, gepeitscht von Wut und auch ein wenig von Angst angetrieben. Er will nicht verbrannt werden. Und etwas, das er weiß oder an das er sich erinnert, wird ihn retten. Etwas, das er vielleicht geträumt hat. Er schlingt seine Arme um die Schultern seiner Gefährten, und ihre Köpfe kommen in durchtränktem Vertrauen zusammen.

„Ich habe den Lama nicht verbrannt."

So versichert er es ihnen mit aller Feierlichkeit und wartet auf ihre Zustimmung und Billigung. Stattdessen peitschen sie ihn mit ihren ungläubigen Rufen erneut an.

„Das habe ich nicht. Ich ... da war nur das Hinterbein einer Kuh ... der Stiefel des Lamas war ein Huf ..." Sein Verstand wird schwächer und verworrene Bilder kämpfen um die Vorherrschaft. „Seine Stiefel waren aus Kuhfell ... Hufe ... er wurde also nicht verbrannt."

Die zusammenhängende Rede ist für Musa beendet, obwohl ihm der Whiskey immer wieder in Mund und Kehle brennt. Doch für einen Moment nach dieser Rede, in einem Anflug von kalter Befürchtung, ist er völlig nüchtern. Seine fünf Zuhörer starren ihn dumm an, aber keine Frage, kein Dementi, keine Herausforderung, nicht einmal ein Kommentar kommt über ihre schlaffen Lippen. Was sie gehört haben, bedeutet Zerstückelung und langsamen Tod, selbst wenn sie es nur hören, sollte das Große Haus von Gurdu es jemals erfahren und sie fangen. Aber haben sie es wirklich gehört? Bei Musa kribbelt die

Zungenwurzel seltsam, denn dort würde sich das Fleisch teilen, wenn man ihm die Zunge aus dem Mund reißen würde.

„Stiefel aus Kuhfell ... ein Huf", wiederholt er feierlich.

Seine Zuhörer beginnen zu nicken und lassen dann den Krug seine Runden drehen. Alle weiteren Diskussionen verstummen, denn der Krug ist nicht mehr als halb leer.

Der Gurdu Lama sitzt auf seinem goldenen Thron, aber mindestens fünf seiner Verehrer sind abwesend. Sie schlafen einen schlechten Traum aus, der sie manchmal heimsucht, wenn Geschichten über die Weisheit und das Vorauswissen des Gurdu Lama erzählt werden.

Musa, der Muslim, betrinkt sich so sehr wie noch nie in seinem ganzen betrunkenen Leben. Doch als er wieder zu sich kommt, wird er plötzlich vernünftig, und wie ein gläubiger Muslim, der den Koran befolgt, schenkt er denen, mit denen er Handel treibt, Whiskey ein, lässt ihn aber selbst in Ruhe und bleibt zu seinem eigenen Vorteil auf deren Kosten bei klarem Verstand. Wurde es ihm erzählt, oder hat er gesehen, was er seinerseits an diesem Tag von seinem letzten Besäufnis erzählte? Er ist sich nicht sicher, aber er wird nie wieder betrunken genug, um es zu wissen. Nie wieder wird er überhaupt betrunken sein. Es ist zu gefährlich.

IV

Der Lama von Gurdu hält Hof in dem großen, bestickten „Vier-Ecken-Ebene"-Gastzelt des Großen Hauses von Gurdu. Das Zelt steht nicht weit von der Jurte aus Tigerfell entfernt, die das Lager von Gurdu beherrscht, denn der Lama verbringt die Herbsttage mit den Zelten. Diese Tage, an denen der drohende Winter die Fülle des Sommers noch nicht verdorben hat und die Herden fett und geschmeidig sind, sind selbst für einen Lama Tage, an denen man die schönen Dinge des Lebens genießen kann. Der Herbstbesuch bei den Zelten des Großen Hauses, wenn sie in der Ebene nahe dem Pfauenwasser lagern, ist selbst für die Gegenwart der Göttin der Tigerhöhle wie ein Urlaub. Aber heute hält er Hof; er sitzt auf den Kissen, die seinen Thron bilden, so wie der Erleuchtete selbst auf zehntausend Rollbildern von Götzen sitzt.

Inzwischen hat er sich an das Sitzen gut gewöhnt. Die fünf Jahre, die ihn bis zu seinem siebzehnten Lebensjahr gebracht haben, waren gefüllt mit Lektionen aus dem Leben eines Lebenden Buddha, die er gut gelernt hat. Selbst als er den Lhasa-Pilgern im Gästezelt Audienz gewährt, sind sie und ihre Geschichten ihm gleichgültig. Eines Tages wird er selbst nach Lhasa gehen – Gurdu Lama auf Pilgerreise, Segen und Heiligkeit spendend und empfangend – und wird alles sehen, worüber sie sprechen. Bis dahin steht er über der Erregung, die in ihren Stimmen mitschwingt, wenn sie von den Wundern ihrer Pilgerreise erzählen; mehr Idol als Mensch, mehr Gott als Mensch.

Er hat sich gut an seinen Thron gewöhnt. Die Sehnsucht nach einem Sattelsitz hinter einem Paar langer grauer Ohren treibt ihn niemals um, und selbst dieser Urlaub auf den Herbstweiden des Gurdu-Gebirges bringt wenig Abwechslung, abgesehen von den Ausblicken auf Heuwiesen, die unter dem durch die offene Tür der Jurte aus Tigerfell sichtbaren wunderbaren Oktoberhimmel bis zum Horizont reichen.

Keiner fragt, was er denkt. Vielleicht denkt er auch gar nicht. Es genügt, dass er teilnahmslos, unnahbar und unantastbar ist. Die perfekte Audienz ist, wenn weder Worte noch Gedanken benutzt werden. Er ist sehr geübt darin, gute Audienzen zu geben. Diesmal signalisiert er seinen Segen und das Ende der Szene mit der kleinsten Geste der Hände, die bereits Grübchen an den Knöcheln aufweisen.

Sogar die Pilger, die Lhasa und all seine Wunder gesehen haben, einschließlich der ungezählten Lamas, sind beeindruckt und gehen schweigend davon. Der Ombo schaut von seiner Zeltecke aus zu, ist zufrieden, und er selbst ist ein wenig zu schläfrig von der reichlichen Mahlzeit, um jenen Pilger zu bemerken, der beim Gehen zögert und sprechen zu wollen scheint. Aber es gibt niemanden, zu dem er sprechen könnte. Die Audienz ist beendet, auch wenn man noch verweilen und eine zweite Portion des üppig verteilten Essens zu sich nehmen könnte. Das Große Haus des Gurdu Lama ist wahrhaftig ein großes Haus und tut viel für die Gastfreundschaft – insbesondere für die Gastfreundschaft gegenüber Pilgern, die aus Lhasa zurückkehren.

So sieht der Ombo denjenigen nicht, der beim Gehen zögert und im Begriff ist, etwas zu sagen. Wenige Augenblicke später zögert er nicht mehr, sondern ist verschwunden. Und wenn der Ombo ihn gesehen hätte, hätte er ihn nicht erkannt, obwohl er, der Pilger, einst ein Mitglied des Großen Hauses von Gurdu war. Das war in der Zeit des alten Ombo – und auch des alten Lamas.

Vor fünf Jahren, zur Zeit des Wunschgebetsfestes, war der Ombo neu genug, um alles zu beobachten. Er wusste sogar, dass Musa und seine Gefährten tranken und redeten, während wenigstens Musas Gefährten den Lama auf dem goldenen Thron hätten verehren sollen. Aber er hat aufgehört, in den Gesichtern, die sich dem Lama bei Festen oder offiziellen Audienzen zuwenden, etwas anderes als Verehrung und Anbetung zu sehen. Er spitzt auch nicht mehr die Ohren, um zu hören, was er die Leute zu sagen im Verdacht hat, denn er verdächtigt jetzt niemanden mehr.

Die Macht des Hauses Thsa-ru-ma beherrscht die Angelegenheiten des Großen Hauses von Gurdu vollständig. Und das Dreierbündnis von Thsa-ru-ma, Gurdu und Ngawa kontrolliert mehr und mehr die Politik von ganz Amdo oder versucht, sie zu kontrollieren. Kein Wunder, dass der Ombo – Bruder des Gurdu Lama, Schwager von Mei Rgyal-wo, König von Ngawa, und Sohn des Thsa-ru-ma-Häuptlings – einen armen Pilger nicht bemerkt, der einen Moment lang sprechen zu wollen scheint, es sich dann aber anders überlegt und nicht länger zögert.

Die Audienz ist vorbei und das Gästezelt wird geräumt. Die Präsenz zieht sich in die Jurte aus Tigerfell zurück, um zuzusehen, wie sein alter Vater – der Heilige Widder – mit seinen Perlen zählt, um zu hören, wie sein Bruder von den erfolgreichen Geschäften des Jahres sowohl mit den Zelten als auch in dem Lamakloster von Tahk Thzang Lhamo berichtet, und um Würfel aus gekochtem Talg und in Zucker gewälztem Nierenfett zu essen, denn der Lama hat ein gutes Anrecht auf Süßes und auf Fett – die besten aller Speisen.

Die Nachmittags- und Abendarbeiten des Lagers sind erledigt, und mit dem Aufgehen der Sterne im blauschwarzen Vorhang der frostigen Nacht sind alle Männer frei, sich an ihren Kesselfeuern zu versammeln und den Abend mit Essen und Geschichten zu verbringen.

Die Pilger machen keine Abendfeuer, denn sie haben viele Feuer, an denen jeder mit seiner Geschichte vom Ort der Götter und seiner Erzählung von den Wundern, die es im Potala zu sehen gibt, doppelt willkommen ist – als Gast und als Pilger, der von einer mystischen Reise zurückkehrt. Einer von ihnen – einst Pferdejunge und Lastenträger im Gefolge des Gurdu Lama und nun Pilger, der nach einem langen Aufenthalt in Lhasa und anderen nicht näher bezeichneten Regionen zurückkehrt – hat trotz aller Veränderungen, die sich im Laufe von zwanzig Jahren vollziehen, alte Freunde gefunden. Der alte Hüter der Pferdeherde des Lama teilt sich ein kleines, aber wohlgeordnetes Zelt mit seinen beiden Gehilfen, und an ihrem Feuer findet der Pilger die ganze Freude der Erinnerung und Kameradschaft. In der doppelten Glut des Feuers und der Erinnerung gehen sie zurück in die Vergangenheit, um die besten Dinge des Lebens zu finden, die immer in der lang zurückliegenden Vergangenheit ihre Existenz haben, und dort finden sie den perfekten Lama, den bernsteinäugigen Gott ihrer frühen Tage.

„Ah, aber er liebte gute Pferde und kannte sie auch."

In der Stimme des alten Hirten schwingt ein bitteres Bedauern mit, das in den vergangenen zwanzig Jahren nicht verklungen ist.

„Er kannte gute Pferde und liebte sie. Erinnerst du dich an den Schimmel mit den spitzen Ohren? Das war ein Pferd. Und wie er reiten konnte. Er saß besser auf einem Sattel als auf einem Thron aus weichen Kissen. Om mani padme hum! Wie er reiten konnte! Der Lama weiß – was für ein Pferdereiter!"

„Auch ohne Sattel, wenn er musste. Weißt du noch, wie wir den großen Rotfuchs eingeritten haben und er der erste war, der ihn geritten hat, obwohl der Ombo es ihm untersagt hatte? Ah, der Lama mit den bernsteinfarbenen Augen!"

In der Stimme des Sprechers liegt nur Bewunderung. Aber der andere Gehilfe hatte Erinnerungen anderer Art und vielleicht sogar persönlicher.

„Bernsteinfarbene Augen, das stimmt, aber manchmal waren es auch Tigeraugen. Ich bin sicher, dass er, wenn er wütend war, in der Nacht sehen konnte. Selbst in einer so schwarzen Nacht wie heute."

Der Pilger erhebt sich, geht zum Türvorhang und wirft ihn zurück, um in eine Nacht zu blicken, die so schwarz ist wie die Finsternis von Shin-rje-chos-rgyals dunklem Reich. Auch die Hunde heulen wie Dämonen vor Schmerz. Sie sind alle um das Zelt herum, und er scheint zufrieden zu sein, denn er kehrt zur Feuerstelle zurück und beginnt zu sprechen, zieht aber drei Köpfe ganz nah zusammen, mit einer gebieterischen Geste, bevor er in tiefen Tönen spricht.

„Im Sera-Lamakloster in Lhasa sah ich unter den fortgeschrittenen Eingeweihten in Lehre und Magie einen, der bernsteinfarbene Augen hatte. Er war zudem ungefähr in dem richtigen Alter. Ich habe ihn auch mehrmals gesehen, aber ich weiß nicht, ob sich seine Augen jemals verändert haben, wenn er verärgert war. Aber sie waren bernsteinfarben und genau wie diese anderen Augen. Om mani padme hum. Der Eingeweihte hatte auch genau die richtige Größe. Es war wunderbar."

Drei Gesichter starren sich dümmlich an, während der Pilger wieder zur verschlossenen Tür geht und die Nacht und sein eigenes Unbehagen herausfordert. Er ist rechtzeitig zurück, um den alten Hirten sprechen zu hören. Doch weder ein Kommentar, noch eine Frage, noch eine Widerlegung. Der alte Mann sagt mit seltsam unverbindlicher Feierlichkeit:

„Vor vielen Jahren war ich in Labrang beim großen Fest, als Ngura endlich wieder die Autorität von Labrang anerkannte. Offiziell haben die Stammesangehörigen von Ngura, die sich nie jemandem ergeben, sich Labrang wieder als Vasallen unterworfen – nach dreißig Jahren der Rebellion. Wenn die Ngura im Sattel sitzen, ist das ein sehenswerter Anblick. Aber das Seltsamste von allem: Der bekannteste Räuber aller Ngura, Gar-bzang von Yak-hsi, ritt ein großes graues Pferd mit langen, langen Ohren. Sie waren sehr lang. Das Pferd war fünf Jahre heller, aber die Ohren – die Ohren waren genau wie die Ohren des Schimmels, den Der Lama ritt. Und es war auch fünf Jahre später."

Vier Augenpaare erforschen sich gegenseitig, das Feuer und die lauschende Nacht jenseits der flatternden Zeltwand nach einer Antwort auf ihre Fragen. Der alte Hirte selbst geht zur Zelttür, denn das Bellen der Hunde ist zu einem schläfrigen Gezänk verstummt, und der Nachtwind scheint mit Fragen beschwert zu sein, die unsichtbare Fragesteller stellen. Er kommt nur halb befriedigt zurück und hört sich die Rede noch verhaltener an. Einer seiner Gehilfen hat etwas zu sagen.

„Musa – du kennst doch den alten Musa, den Muslim? Das letzte Mal, als Musa betrunken war, sagte er etwas Seltsames über die Verbrennung des Lamas. Weißt du noch, was der Lama damals für Stiefel trug? Waren sie aus Kuhfell? Ja, Kuhfell. Musa sagte etwas von einem Kuhhuf auf dem Scheiterhaufen und änderte dann die Worte „Kuhhuf" in „Stiefel aus Kuhfell". Der Lama hatte Wollstiefel getragen? Aber dann war Musa sehr betrunken. Aber es ist sehr seltsam, er ist seit diesem Tag nie wieder betrunken gewesen. Und arm ist er auch nicht mehr. Musa, der alte Halunke."

Das Feuer erlischt zu einer schwachen Glut, aber es gibt keine Antwort auf ihre Gedanken, und die Nacht ist sehr dunkel. Der Pilger findet weder das Feuer noch die Nacht nach seinem Geschmack. Das eine, weil es sein Gesicht zu deutlich zeigt, und die andere, weil sie zu sehr verbirgt, was in der Dunkelheit nur allzu nahe sein kann. Von diesem Unbehagen heimgesucht, begibt er sich zu seinen Gefährten.

Und der Gurdu-Ombo denkt nicht an den Pilger, der zu zögern schien, als er das Gästezelt verließ, der zu zögern schien und kurz davor war zu sprechen, aber schließlich doch ging, ohne zu sprechen. Jetzt wird er nie wieder zögern, denn er weiß, dass er nicht sprechen darf. Aber der Wind hat Zungen.

V

Die Nacht geht in die Morgendämmerung über, und mit dem zunehmenden Licht kommen die Drag-Kar-Felsen in Sicht. Das Sternenlicht zeigte die Schneefelder, die sich entlang des Kammes der Klippen ausbreiten, wo das obere Plateau beginnt; es zeigte auch den schneebedeckten Hang, der zu ihrem Fuß führt. Aber die Klippen selbst waren schwarz im Schatten. Jetzt, im Licht der Morgendämmerung, schieben sie die Schatten beiseite und stehen auf, um den Tag zu begrüßen: zweitausend Fuß Felsen und Abgründe, zerklüftet und vernarbt, unerkletterbar. Im Tageslicht erscheinen sie grau zwischen dem Schnee auf ihren Gipfeln und den dunklen Schatten zu ihren Füßen. Von diesen Schatten ist einer wirklich schwarz: der gähnende Eingang zur Drag-Kar-Höhle, der auch noch dann schwarz und bedrohlich bleibt, wenn alle anderen Schatten der Morgendämmerung gewichen sind.

Die Drag-Kar-Höhle – oder Höhlen, denn der eine Eingang führt zu einem Netz von Gängen – ist ein Ort der Wunder; ein Ort auch der Heiligkeit, denn durch das Absolvieren bestimmter Rundgänge oder durch die Anbetung in der Höhle der heiligen Bilder können Verdienste erworben werden. Es gibt viele verschiedene Gänge, einige niedrig, wo ein Mensch kriechen muss, und einige hoch gewölbt. In der Dunkelheit hört man das Geräusch von fließendem Wasser, und im Licht der Fackeln sieht man schwarzes Wasser, das in Senken oder in engen Kanälen von unbekannter Tiefe brodelt. Am Ende einer Höhle befindet sich das Meer der Schwärze, und niemand war je am jenseitigen Ufer. Eine andere Höhle ist die Höhle der Toten, in der die Knochen der Erdbewohner aufgehäuft sind. Es ist sicher, dass die Höhlen unter der Erde zum eigentlichen Ursprung der Dinge führen – zumindest zu den Quellen des Heiligen Kyi-chu und unter den Ort der Götter. Für die Gebetsrunde auf einem gut markierten Weg braucht man die Zeit von drei guten Fackeln, aber man braucht einen Führer, denn es gibt viele Abzweigungen, und sich zu verirren, bedeutet, das Leben zu verlieren. Jedes Jahr etwa verschwindet ein Pilger auf der Suche nach Verdienst und kehrt niemals durch den Eingang zurück, der in die unterirdische Welt der Wunder, Ängste und Schatten führt.

Die Mönche des Lamaklosters Drag-Kar wenden sich nach dem Aufstehen im Morgengrauen gewöhnlich dem Höhleneingang zu, der ihr Kloster überragt, denn die Höhle von Drag-Kar ist der Hauptgrund für dessen Existenz. Um ihre Gebete zu sprechen, wenden sie sich heute, wie immer, dem Höhleneingang zu, der schwarz über dem ein frisches Weiß vom Schneefall des vergangenen Tages zeigenden Hang liegt. Keine Spur, keine Markierung trübt die weiße Decke, die sich ganz bis zum Rand der Öffnung sanft ausbreitet.

Während die Mönche rezitieren, hellt sich die Morgendämmerung zum Tag auf. Das Licht der Sonne, immer noch blass und unsicher, kriecht über das Gesicht der Felsen hinunter und sie verändern sich erneut: Sie sind nun vernarbter als je zuvor. Es erreicht den oberen Rand der Öffnung und scheint sich dann zu teilen, während es nach unten wandert und die unregelmäßigen Umrisse des Höhleneingangs nachzeichnet, aber es lässt die Öffnung schwarz wie zuvor. Plötzlich wird diese gleichmäßige Schwärze durchbrochen. In der Mitte der breiten Öffnung, knapp über der weißen Schneelinie, fällt das Sonnenlicht auf etwas Helles. Wie mit einer in Gold getauchten Feder gezeichnet, wächst dieses Etwas zu einer oben zugespitzten Figur heran; genau so sitzt das Juwel im Lotos unter dem spitzen Gewölbe, das den höchsten Himmel krönt; und sitzt auch der Erleuchtete golden unter dem dunklen Bogen der Gottheitenhalle von Gurdu.

Der Gesang der Mönche bricht ab und endet in einem wirren Geschrei, das wiederum verklingt, als sie ihr Gebet sein lassen und zum Höhleneingang hinaufsteigen. Das Sonnenlicht, das ihnen entgegenkommt, zeigt das unberührte Weiß des Schnees, in dem sie frische Spuren hinterlassen, während sie nach oben klettern. Und die Beobachter unten – nicht alle haben sich auf den Weg nach oben gemacht – hören ein schwaches und atemloses Rufen, als die Akolythen[9] und jüngeren Mönche, die vorausgegangen sind, ein Stück unterhalb des Höhleneingangs zum Stehen kommen und darauf warten, dass die Älteren sie einholen.

In einer Robe und mit einer Mitra angetan wie ein Lama – schweigend, unbeweglich, bis auf einen Rosenkranz, der durch eine Hand gleitet, befindet sich die goldene Gestalt direkt über ihnen. Wenn die älteren Mönche ankommen, wird es Fragen geben können, doch vor

---

9 Was der Autor hier unter ‚Akolythen' versteht, kann ich nicht sicher erraten, es könnten nicht ordinierte Yogins oder einfach im Kloster lebende Praktizierende mit Laiengelübden sein. Daher belasse ich es einfach bei diesem Wort; R.J.

dieser strengen, tadelnden Würde schweigen die Akolythen. Wie die anderen Mönche eintreffen, bildet sich ein Halbkreis um den Höhleneingang, doch zwischen diesem Halbring und dem sitzenden Lama ist die Weite des Schnees in ihrer Weiße ungebrochen. Dann kommt endlich der Verwalter des Drag-Kar-Lamaklosters, und während die anderen in zerrissenem Chor „Om mani padme hum" murmeln, kommt er wieder zu Atem, um endlich, keuchend, zu sagen: „Mit Ehrerbietung, aber wie lautet der Titel Eurer Gegenwart, und woher seid Ihr ehrwürdigerweise gekommen?"

Der Unbekannte antwortet nicht, obwohl sich seine Lippen im Rhythmus eines unhörbaren Gebets bewegen. Sein Gewand und sein spitzer Hut schimmern golden im Sonnenlicht; das Gewand ist reich verziert und kräftig mit Pelz besetzt, aber sein Gesicht ist dunkel und von eher strengem Ausdruck: das Gesicht eines Mannes mittleren Alters, dem das Leben frontal begegnet ist, und der weder nachgibt noch um etwas bittet. Unter den Rändern der gelben Mütze sind seine Ohren lang und stark gelappt – echte Lama-Ohren, die sich von der Düsternis der Höhlenmündung abheben.

Das Echo der Frage des Verwalters verhallt, und noch immer antwortet der Unbekannte nicht. Doch als ob er gesprochen hätte, neigen die Mönche ihre Köpfe. Sein Wille, nicht zu sprechen, gebietet gleichermaßen ihre Zustimmung.

„Mit Ehrfurcht – der Lama weiß es – mit Ehrfurcht."

Sie stimmen leise in den Chor ein, damit das Schweigen nicht zu hart und abrupt bricht. Und dann spricht er überraschenderweise.

„Aus Lhasa gekommen."

Nichts wird beantwortet. Vielmehr entstehen tausend Fragen. Lhasa – der Ort der Götter – ist so weit weg: Lhasa am heiligen Kyi-Chu; Lhasa, wo die ewige Glückseligkeit, inkarniert in der Person des Rgyal-ba Rin-po-che, residiert; Lhasa, wo der Potala wie ein großer rotweißer Felsen steht, der zur Wohnstätte des Erlösers der Menschen bestimmt ist; Lhasa, das Zentrum der Welt des Glaubens und der Gläubigen und das Ziel der Reisen von Pilgern. Von Lhasa ist er gekommen. Aber die Tatsache, denn Tatsache ist es, – niemand stellt das in Frage auch nur in seinem letzten, verborgenen Winkel des Zweifels –, die Tatsache drängt nur mit neuem Nachdruck die Frage auf: Von Lhasa gekommen – ja, aber wie?

Lhasa ist eine Reise von drei Monaten entfernt, wenn die Karawanen die höhere Karawanenroute nehmen, und diejenigen, die zu Fuß gehen und sich ihren Weg erbetteln, brauchen eine noch längere Zeit für die Reise. Die Saison, in der die Pilger ankommen, ist schon seit Monaten vorbei, und dieses Jahr ist kein Lama aus Lhasa gekommen. Und der Schnee, der sich einen Tag und eine Nacht lang so gleichmäßig bis zum Eingang der Höhle ausgebreitet hat, ist glatt und frei von verräterischen Spuren.

Der weiße Schnee vor dem Lama und die Schwärze der Höhle hinter ihm lassen gleichermaßen eine seltsame Antwort auf diese Frage vermuten: „Von Lasa gekommen, aber wie?" – wie als Antwort auf diese stumme Frage, die in den Gedanken aller auftaucht, hebt der unbekannte Lama seine Hand, die den Rosenkranz hält, in einer Geste, die die Höhle, den Schnee und all ihre Wunder einzuschließen scheint, und sagt,

„Aus Lhasa gekommen: um hier zu sitzen."

Alle Anzeichen von Leben verlassen diese Figur: das Leben selbst scheint in der Schwebe. Der Lama sitzt in Kontemplation: in entrückter Vertiefung mit Kräften und Wundern jenseits des Wissens der Menschen. Niemand kann sagen, ob die goldene Gestalt überhaupt atmet, obwohl die Augen auf die Aussicht blicken, über der sich die Drag-Kar-Höhle öffnet. Vielleicht blicken sie über die Berge und die Steppe hinaus. Vielleicht blicken sie bis nach Lhasa selbst. Vielleicht blicken sie aber auch nach innen, nach hinten und erinnern sich an die dunkle unterirdische Welt, in die die Drag-Kar-Höhlen führen – niemand weiß, wohin und wie weit.

Aber die Mönche des Drag-Kar-Lamakloster – der Verwalter selbst ist einer der ersten – fallen auf die Knie im Schnee.

„Mit Ehrfurcht – mit Ehrfurcht – der Lama weiß es", singen sie leise im Chor, als wären die Worte ein Gebet an den, der gekommen ist, um dort zu sitzen.

Das Sonnenlicht wird nun stärker und man sieht immer mehr von der Höhle, soweit sie durch den Eingang zu sehen ist. Doch im Raum hinter dem Lama, bis zum Ende der ersten Kammer oder des ersten Raumes, ist nichts zu sehen von Knappsack, Kessel oder Bettzeug; nichts von Gepäck oder Habseligkeiten, wie sie gewöhnliche Sterbliche auf einer Reise von Lhasa zu den Drag-Kar-Höhlen benötigen.

Plötzlich erwacht der Unbekannte wieder aus seiner Trance und spricht den Verwalter des Drag-Kar-Lamaklosters mit Namen an. „Aku Sengi, ihr wollt wissen, wer ich bin? Geht und ruft den Verwalter von Gurdu, der in deinem Großen Haus zu Besuch ist, und wenn er hier mit dir steht, werde ich euch sagen, wer ich bin."

Die Akolythen rennen mit der Nachricht voraus, und sobald sie die Nähe des Höhleneingangs verlassen haben, rasen sie johlend und schreiend durch den Schnee, aber der Verwalter folgt langsamer, mit vielen ängstlichen Gedanken, die die Zeit in seinem Kopf abmessen, während er mühevoll absteigt.

Der Besuch des Verwalters von Gurdu ist in dem Maße ein Geheimnis, wie er mit der Kirchenpolitik zu tun hat, denn er ist in das Lamakloster Drag-Kar gekommen, um den Weg für einen Wechsel zu ebnen, vielleicht einen Wechsel der Gefolgschaft. Seit mindestens zwei Generationen untersteht das kleine Lamakloster von Drag-Kar der Kontrolle des Lamaklosters von Labrang, aber jetzt versucht Gurdu, seine Macht auszuweiten, und es gibt in der Mönchsgemeinschaft von Drag-Kar einige, die bereitwillig den Meister wechseln und Gurdu angehören würden.

Der Verwalter von Gurdu ist, inkognito reisend, zum Großen Haus von Drag-Kar gekommen. Nur wenige der älteren Mönche wissen, dass es sich bei dem Gast, für den das Allerbeste zubereitet wird, um den Verwalter des Lamaklosters von Gurdu handelt. Doch der Unbekannte, der im Eingang der Höhle sitzt, weiß alles und hat nach ihm geschickt. Woher weiß er das alles und warum sollte er nach dem Mann aus Gurdu schicken? Noch während seine Füße auf den Stufen des Gästezimmers des Großen Hauses von Drag-Kar stolpern, regt sich in Aku Sengis Geist eine unbehagliche Vorahnung von Schwierigkeiten. Er ist einer von denen, die zur Gurdu-Fraktion gehören, und in halbempfundener Befürchtung kennt er die Bedrohung durch das Unerwartete: durch all das, was nicht nach Plan verläuft.

„Mit Ehrerbietung, verehrter Gast", beginnt er seine Rede, während sein Geist noch mit seinen Vorahnungen kämpft, und fährt dann fort, den Verwalter von Gurdu zu überreden, mit ihm zum Eingang der Höhle zurückzukehren. Gemeinsam steigen sie, mit häufigen Atempausen oder aus gegenseitiger Höflichkeit, zu der Stelle hinauf, wo der Lama golden im Sonnenlicht sitzt. Die Mönche sitzen immer noch in einem ziemlich regelmäßigen Halbkreis, und das Gemurmel ihrer Gebete hat sich inzwischen auf den Rhythmus eines Rezitationsrituals eingependelt. Und der Unbekannte scheint an Beständigkeit, Heiligkeit und Macht zugenommen zu haben, als ob er die Anbetung als sein unangefochtenes Recht empfände.

„Mit Ehrfurcht – wir sind hier."

Aku Sengi hat getan, was von ihm verlangt wurde. Der Verwalter von Gurdu, der nun allen Mönchen unter seinem wahren Titel und seiner Stellung nach bekannt ist, wurde gebracht. Mit diesen Worten – bei allem Gehorsam – hört Aku Sengi auf, für den unbekannten Lama zu existieren, der nur den Verwalter von Gurdu sieht: Er starrt ihn mit einem Blick an, der durch ihn hindurchzugehen scheint, und anklagend weiter die lange Linie der Jahre hinunter.

„Om mani padme hum!"

Das im Klicken der Perlen schwach hörbares Gebet bricht mit den Worten ab, die zum Verwalter von Gurdu gesprochen werden; gesprochen zu der Mönchsgemeinde, die nun in voller Zahl vor dem Höhleneingang versammelt ist; gesprochen in der Tat zu allen, die in Amdo, der Provinz Nordosttibet, es hören werden.

„Alle, die mich verfolgten und halfen, mich zu vertreiben, sind tot. Der ältere Om-bo, der jüngere Ombo, der alte Jamtso, der Lehrer, der Keb-khe des Jahres und der Verwalter vor dir: alle – alle sind tot. Ich bin Aluk Shiang Cheung. Ich bin der Gurdu Lama."

Diese Verkündung lässt keine Diskussion zu. Sie ist seltsam unpersönlich: eine Erklärung für das Wirken des Schicksals. Der Lama hat aufgehört, den Verwalter von Gurdu anzuschauen. Fast scheint es, als ob es nichts mehr zu sagen gäbe. Und dann richten sich seine Augen wieder auf die Menschen vor ihm. Als Gurdu Lama hat er plötzlich mit dem Verwalter von Gurdu zu tun.

„Ihr, Verwalter des großen Hauses Gurdu, sagt mir, ist mein Platz bereit? Oder muss ich warten, bis meine Feinde der nächsten Generation aussterben?"

Mit dem bloßen Aussprechen dieser Worte ist bereits eines erreicht. Die Mission des Verwalters von Gurdu in dem Lamakloster von Drag-Kar ist gescheitert. Dass es zwei Gurdu Lamas gibt, ist undenkbar. Dass derjenige, der jetzt im Großen Haus der Gurdu in Tahk Thzang Lhamo thront, falsch sein sollte, ist undenkbar. Aber dass derjenige, der am

Eingang der Höhle von Drag-Kar sitzt – niemand weiß, wie er aus Lhasa gekommen ist – ein Hochstapler sein soll, scheint ebenso undenkbar. Möge das Gurdu-Lamakloster mit seinen beiden Lamas machen, was es will. Jedes andere Lamakloster ist aus dem Dilemma heraus. Für eine weitere Generation wird das Kloster von Drag-Kar in Labrang verankert bleiben.

Doch in der Zwischenzeit möge jeder Segen, der von der Anwesenheit und den Segnungen des Unbekannten ausgehen mag, kommen. Lasst ihn in voller Kraft herniedergehen. Es schadet nicht, zu verehren und zu beten. Die Doppelreihe der Mönche beugt sich und wiegt sich zum Gemurmel von

„Mit Ehrfurcht – der Lama weiß – mit Ehrfurcht".

Nur der Verwalter von Gurdu bleibt aufrecht und unbeugsam, denn er muss nach Gurdu zurückkehren, wo die Verwalter des Großen Hauses von Gurdu auf seine Rückkehr und den Bericht warten, den er mitbringen wird. Er wagt es nicht, sich vor diesem Lama – Gurdu Lama, wie er sich selbst nennt – zu verbeugen und zu dem anderen Lama und seinen Ombos zurückzugehen. Und doch ... es ist wahr, was der Unbekannte gesagt hat. Alle sind tot, die gegen Aluk Shiang Cheung, den früheren Lama, Partei ergriffen haben. Auch sie sind vor ihrer Zeit gestorben. Folgt der Tod aus dem Blick dieses Lamas? Aufrecht und unbeugsam, aber mit steifen Lippen, die kaum die Silben eines Gebetes formen können, sitzt der Verwalter von Gurdu und wartet auf das Wohlgefallen seines Gastgebers, wartet vor allem auf den Willen der Gestalt, die im Eingang der Drag-Kar-Höhle thront. Diese Gestalt mag nicht der Gurdu Lama sein, aber der Verwalter von Gurdu wagt es nicht, sich ohne von ihm entlassen zu werden, zu bewegen, damit nicht ein unbekannter Fluch auf ihn fällt.

Der Krieg hat begonnen, und die Worte „Ich bin der Gurdu Lama" stellen die Kriegserklärung dar.

VI

Zwei Reiter durchbrechen den Rand des Lagers und bewegen sich im gleichmäßigen Trab quer über den leeren Raum im Kreis der Zelte. Sie sitzen entspannt, leicht seitlich in ihren Sätteln und Rücken an Rücken, damit die schweren Peitschenstiele, die am Ende der Bindeseile wirbeln, und die sie wie drehende Halos um ihre Köpfe schwingen, auf beiden Seiten gleichermaßen Schutz bieten. Am Rande dieser sich bewegenden Insel der Sicherheit stürzt sich die Hälfte der Hunde des Lagers auf sie und schnappt nach ihnen, getrieben von den tiefsten Instinkten ihres Wesens, aber in einer Art Zauber gehalten von den pfeifenden Seilen, die über ihre Köpfe hinweggehen und mit weiteren Schlägen drohen.

Die Reiter lachen und peinigen die Hunde mit Spott und bringen die fliegenden Peitschenstiele mit einem Trick aus Handgelenk und Schulter nahe an die kühneren Schnauzen der Meute. So beschäftigt und gut angekündigt durchqueren sie das Lager von Rgyal-wo Wang und kommen zum Stehen, nicht vor seinem Zelt beziehungsweise seinen Zelten, sondern vor der kleinen Jurte und den Zelten von Aluk Shiang Cheung, der hier mit seinem Gönner und Beschützer – Rgyal-wo Wang, dem König der Sohkwo – lagert.

Sogar mit einem solchen Schutz ist er immer noch bloß Aluk Shiang Cheung, obwohl drei Jahre vergangen sind, seit er am Eingang der Drag-Kar-Höhle saß und sich selbst zu Aluk Shiang Cheung, dem Lama von Gurdu, erklärt hat. In diesen drei Jahren hat er viel gewonnen.

An jenem ersten Morgen, als er in einem goldenen Sonnenstrahl saß, verschaffte er sich mit den Worten „Ich bin Aluk Shiang Cheung – der Lama von Gurdu" Gehör. Und mit dem Aussprechen dieser Worte gewann er Furcht, Hass und Glauben: Furcht im Herzen des Verwalters des Drag-Kar-Lamaklosters; Befürchtungen, dass er und seine Fraktion, die ein Bündnis mit Gurdu ins Auge gefasst hatten, bereits zu tief verstrickt waren, um sich aus einer Verbindung zu lösen, die Schwierigkeiten versprach; Furcht auch im Herzen des Verwalters von Gurdu, der unbeugsam da saß und sich doch nicht traute, zu gehen, bevor er entlassen wurde. Furcht in dessen Herzen, und auch Hass auf den Unbekannten, der seine Stellung und sein Leben selbst so sehr bedrohte. Er war einer von denen, die zur Fraktion des Ombo gehörten, und die Worte der Drohung hingen über ihm wie ein halb ausgeführter Schlag.

Von diesem Tag an war Hass, der aus Angst hervorging, eines der bestimmenden Motive in der Politik von Gurdu gegenüber demjenigen, der an jenem Morgen in der Höhle von Drag-Kar saß und seinen Anspruch verkündete.

Er gewann auch Glauben. Von einer Sache waren die Mönche vom Lamakloster Drag-Kar – all jene Mönche, die sich im Halbkreis um den Eingang der Höhle vor ihm verneigt hatten – vollkommen überzeugt: Derjenige, der sich Aluk Shiang Cheung, Lama von Gurdu, nannte, mochte der Lama der Tigerhöhle sein, wie er behauptete, oder auch nicht; doch niemand stellte die Wahrheit von etwas in Frage, das er nicht einmal angedeutet, geschweige denn behauptet hatte.

Alle glaubten stillschweigend, dass er von Lhasa auf dem unterirdischen Weg durch die unerforschten Galerien der Höhlen von Drag-Kar gekommen war, die sich mit Sicherheit durch das unterirdische Land von Furcht und Schatten bis zum Sitz der Götter selbst erstrecken. Dass die Art und Weise seines Kommens übernatürlich war, war gewiss. Noch bevor der Tag zu Ende ging, hatte sich die Legende in den Köpfen der Anwesenden bereits zur vollen Größe ausgewachsen. Selbst die schärfsten Verfechter der offiziellen Politik von Gurdu und die erbittertsten Hasser des Unbekannten versuchten kaum, die Legende zu widerlegen.

Sie wuchs mit den Ausschmückungen, aber immer waren der unberührte Schnee vor dem Höhleneingang und das völlige Fehlen einer Ausrüstung des Unbekannten die den Grundstein darstellenden Fakten, die nur als schlüssig akzeptiert werden konnten.

Er gewann seinen Anspruch, und durch sein Auftreten – so voller geheimnisvoller Würde – gewann er auch das Recht auf den Namen Aluk Shiang Cheung. Er hatte gesagt: „Aluk Shiang Cheung – Lama von Gurdu", und obwohl er nach drei Jahren für den zweiten Teil dieser Aussage nicht die allgemeine Akzeptanz gewonnen hatte, wurde er von diesem ersten Tag an Aluk Shiang Cheung genannt. Für seine Feinde waren die einzigen Alternativen für diesen Namen Schimpfnamen, aber für seine Anhänger beinhaltete er die ganze Macht und Stellung des Gurdu Lama, und für die übrigen war es der Name eines mächtigen Lamas. So gewann er den Namen Aluk Shiang Cheung, obwohl er noch nicht auf dem goldenen Thron von Gurdu im Großen Haus der Göttin der Tigerhöhle saß.

Er gewann auch Reichtum. An jenem ersten Tag hatte er nichts. Er bat um nichts. Er saß einfach nur im Sonnenlicht: eine Gestalt von beeindruckender Gelassenheit; ein Wesen, das nichts brauchte. Schließlich erhob er sich auf die wiederholte vorgebrachte Einladung des Verwalters von Drag-Kar und schritt über den noch unbetretenen Schnee – niemand hatte es gewagt, sich ihm zu nähern – und ging hinunter in den Gastraum des Großen Hauses von Drag-Kar. Die einzige Spur im Schnee, die nach außen führte und die er selbst hinterließ, wurde ebenfalls Teil der Legende vom Aluk-der-gekommen-war – ob er nun der Gurdu Lama war oder nicht.

In den Gästequartieren von Drag-Kar untergebracht, – der Verwalter von Gurdu war bereits bestürzt abgereist und zurückgeritten, um Gurdu die Nachricht zu überbringen –, stellte man fest, dass der Neuankömmling außer seinem Rosenkranz nichts besaß, nicht einmal eine Schale. Dennoch trank er seinen Tee aus einer kostbaren blauen Ming-Schale und aß mit Stäbchen aus Elfenbein. Ein junger Akolyth hatte sich selbst zum Diener und Gehilfen des Lamas ernannt – niemand konnte sich im Nachhinein daran erinnern, wie genau. Jemand anderes schenkte ihm eine Rolle hauchdünner Seide, gelb wie der Hut eines Lamas. Aus eigenem Antrieb schnitt der Akolyth die Seide in Quadrate, schnitt jedes Quadrat von Ecke zu Ecke in zwei Dreiecke um und knotete sie zusammen, um das vorgeschriebene Segnungstuch zu machen.

Der Besitzer der Ming-Schale kniete nieder, um das erste Tuch in Empfang zu nehmen: eine Darbringung, die mit anmutigen Bewegungen von mystischer Bedeutung erfolgte, nachdem Gebete und Segenswünsche darauf geblasen worden waren. Und dann ging er und erzählte einem neugierigen, erwartungsvollen Publikum von den Empfindungen von Kraft und Ekstase, die er erlebt hatte; Empfindungen, die selbst eine Ming-Schale wert waren. Danach kamen die Geschenke noch schneller, und der Lama schien weiterhin nur zu beten und zu warten und um nichts zu bitten.

Die Legende wuchs, denn die seltsam geformten Augen des Neuankömmlings schienen seltsame Dinge zu verheißen, wenn sie auf jedem ruhten, der niederkniete, um ein Segnungstuch zu erhalten.

Die Legende wuchs, und im Morgengrauen des zweiten Tages war sie schon weit gediehen, denn an diesem Tag war der kleine Assistent mit der Herstellung von Schals und der Aufbewahrung von Geschenken gut beschäftigt.

Nach fünf Tagen brach Aluk Shiang Cheung nach Labrang auf. Er ritt ein exzellentes Pferd, das hervorragend ausgestattet war, und der Assistent ritt ein anderes, weniger wertvolles, aber brauchbares und starkes Pferd. Das Gepäck eines Lamas, der sich auf eine Reise von unbestimmter Dauer begibt, wurde auf zwei Packmaultiere geladen. Während der Vorbereitungen zum Aufbruch tat der Lama nichts, befahl aber stillschweigend und gewann die Dienste aller beim Aufladen. Nach einer gewissen Strecke auf dem Pfad ordnete er jedoch eine Pause an, um die Maultiere neu zu beladen, und er selbst verschnürte die Lasten mit erstaunlicher Kraft und Geschicklichkeit; er benutzte komplizierte Bindungen und Knoten, die seine Gefährten noch nie gesehen hatten. Die Lasten blieben den ganzen Tag über im Gleichgewicht, und die Legende von dem Einen-der-gekommen-war, wurde um ein weiteres Kapitel ergänzt.

In Labrang schien Aluk Shiang Cheung nur zu warten: Er war nicht bereit, sich niederzulassen, auch nachdem man ihm ein Haus angeboten hatte, und er war auch nicht bereit, wieder zu gehen. Doch während er verweilte, kamen Verehrer und sein Reichtum wuchs. Aber sicherlich wartete er nur. Worauf wartete er? Auf Boten von Tahk Thzang Lhamo oder auf das Kommen der Männer von Rzachdumba, wenn sie mit ihrem Häuptling kommen, um Aluk Kong Thang Thsang zu besuchen und zu verehren? Doch er fragte niemanden nach Neuigkeiten aus dem Gebiet der Zwölf Stämme der Großen Südlichen Ebene, und er stattete Aluk Kong Thang Thsang keinen Besuch ab, solange er in Labrang blieb.

Eines Tages schien er des Wartens müde zu sein und fragte den Gehilfen, während dieser Tee in die Ming-Schale goss:

„Wo ist dein Zuhause, das nur wenig Ähnlichkeit mit einem solchen hat?"

„Das Lager von Rgyal-wo Wang, dem König der Sohk-wo, mit Respekt", antwortete der Akolyth mit gespreizten Handflächen.

Am nächsten Tag reiste Aluk Shiang Cheung ab, zum Lager von Rgyal-wo Wang, dem König der Sohk-wo.

Er erlangte dort Reichtum und wurde gut bedient. Rgyal-wo Wang schenkte ihm eine Jurte, hundert Schafe und zwanzig *Mdzo-mo*, Milchkühe, alle von gleicher Farbe – gold-rote Schönheiten mit Haaren wie Seide. Die Stammesangehörigen von Nguru, die durch das Gebiet der Sohk-wo zogen, schenkten ihm zwanzig *mdzo*, Lastochsen, die von der Farbe her ähnlich aussahen. Danach durften ihm nur noch gleichfarbige Ochsen oder Milchkühe zum Geschenk gemacht werden, und seine Milchviehherde sowie die Karawane der Gepäcktiere wurden schnell berühmt. Schafe, Rinder, Lhasa-Wolltuch, Silberbarren und -stäbe erhielt er in großer Zahl als Geschenke. Doch sein eigentliches Interesse galt den Pferden, und er erhielt die besten Pferde aus vielen Regionen geschenkt, darunter Si-ning-Rennpferde und zähe Golok-Ponys. Er und seine Leute ritten immer auf hervorragenden Tieren.

Das am meisten überraschende Geschenk war ein großes, graues Pferd, das aus der berühmten Pferdeherde des Häuptlings der Sohk-tsong stammte. Doch Sohk-tsong war ein Stamm, der vollständig unter der Herrschaft des Großen Hauses von Gurdu und des Königs von Ngawa stand. Niemand schien zu wissen, woher und wie das Pferd zu Aluk Shiang Cheung kam, aber Tatsache war, dass er eines der berühmten großen Pferde von Sohk-tsong erhielt: einen großen Schimmel mit langen, formschönen, spitzen Ohren.

Er wurde gut bedient. Er ließ sich nicht von einem Ombo leiten, sondern lenkte seine eigenen Angelegenheiten, wobei er den Assistenten als eine Art Unterbeamten einsetzte, und seine Geschäfte florierten, auch abgesehen von den Geschenken, die er erhielt. Seine Diener, sowohl Männer als auch Frauen, waren wohlgenährt, gut gekleidet und gut beritten. Die Stammesangehörigen des Nordostens Tibets werden immer gute Dienste leisten, wenn für diese drei Dinge angemessen gesorgt wird. Unauffälliger und kleiner als der Hof seines Gastgebers und Gönners, war alles, was er besaß, dennoch vom Besten, und sein Ansehen hielt mit seiner „Erscheinung" Schritt: Sein Ruf war so glänzend wie der Stil, der ihn auszeichnete.

Als Lama ohne Lamakloster, ohne Großes Haus, ohne allgemein anerkannten Lehrstatus, ja sogar ohne offiziellen Namen, gedieh er dennoch erstaunlich gut. Er hatte große und seltsame Kräfte.

Seine Horoskope waren dafür bekannt, nie falsch zu sein. Manchmal wurden sie zwar missverstanden, denn sie waren immer auf geheimnisvolle Weise schwer zu verstehen, aber sie waren nie falsch, und die Leute debattierten über seine kleinsten Äußerungen, als ob sie Teil der Heiligen Schriften wären. Unerwartete Bedeutungen enthüllten sich jenen, die seine Aussprüche gut durchdachten.

Er sagte die Niederlage von Labrang im Krieg mit dem muslimischen Kriegsherrn der Koko Nor richtig voraus, zu einer Zeit, als alle anderen tibetischen Orakel den Sieg prophezeiten. Er sagte auf den Tag genau die Rückkehr der jährlichen Pilgerkarawane aus Lhasa voraus, mit zusätzlichen Informationen über den Zustand des Weges und die Wetterbedingungen im Golok-Land, die durch die Erzählungen der Pilger reichlich bestätigt wurden. Er prophezeite den „ehrenvollen Übergang in den Zenit" des Rgyal-ba Rin-po-che – des Dalai Lama selbst – in demselben Jahr, in dem er stattfand. Er sprach vom bevorstehenden Sturz des Hutuktu von Urga in der äußeren Mongolei und der Errichtung einer weltlichen Herrschaft und der Mongolischen Republik, Monate bevor dies geschah – und er sprach die Prophezeiung in mongolischer Sprache aus, fehlerfrei, zum Erstaunen aller, die sie hörten.

Er verordnete die Reise von Rgyal-wo Wang zum Medizinhaus für Ausländer in Lanchow, der Hauptstadt der chinesischen Provinz Kansu, und prophezeite Erfolg und Heilung, und die Prophezeiung erfüllte sich in allen Einzelheiten. Das Gleiche galt für kleinere Vorhersagen über Krankheit, Tod, Geburt, verirrtes Vieh und die unzähligen Probleme des Lebens, die nur gelöst werden können, wenn man sich an den Lama wendet. Er gab Antworten, die oft rätselhaft waren, – zu voll von Weisheit, um verstanden zu werden –, aber nie falsch, und die Zuhörer murmelten einen Satz, der einst als wiederholtes Gebet abgedroschen war, nun aber plötzlich, mit einer wachsenden Überzeugung, frisch war:

„Der Lama weiß es – nur der Lama weiß es."

So wurde die Legende von dem Einen-der-gekommen-war zur Legende von dem Einen-der-weiß.

Er vollbrachte Heilungswunder, ordnete seltsame neue Behandlungen an, die höchst erfolgreich waren. Er stoppte die Rinderpest bei den Stämmen des Schwarzen Zeltes durch ein Mittel, – das Blutlassen und die Verunreinigung des Wassers –, das gegen alle religiösen und gesellschaftlichen Tabus verstieß, aber so erfolgreich war, dass es bald von allen Stämmen nördlich des Knies der Pfauengewässer übernommen wurde.

Mehrere kranke Rinder wurden zur Quelle des Baches gebracht, der das gesamte Gebiet des Stammes bewässerte, und an diesem Ort wurde ihnen die Kehle durchgeschnitten und man ließ das Blut in den Bach fließen.

Einige Tage lang schien es den meisten Rindern des Stammes nicht gut zu gehen, aber es gab nur wenige Todesfälle und die Rinderpest verschwand. Groß war die Macht von Aluk Shiang Cheung.

In die Jurte von Aluk Shiang Cheung – dem mächtigen und einflussreichen Lama – kamen Gäste jeder Art und jeden Ranges. Neben Stammesangehörigen aus allen nördlichen Stämmen und Einzelpersonen aus den südlichen Stämmen kamen auch Bodpas aus Lhasa, um mit dem Aluk in dem seltsamen und fast unverständlichen Dialekt von Lhasa zu sprechen.

Mongolen von den Ordos kamen, um mit ihm auf Mongolisch zu sprechen. Chinesische Händler, die sich auf Chinesisch unterhielten. Er verstand sie alle. Doch der Lama, der viele Sprachen sprach, sprach selbst und stellte nie Fragen. Die Fragen, die er nie stellte, wurden jedoch von denen beantwortet, die mit ihm oder zu ihm sprachen. Sie erzählten von Ereignissen nah und fern, sie erzählten die Neuigkeiten und sie erzählten die Gerüchte, die im Geiste der Menschen hallen und widerhallen, bis sie zu Tatsachen werden. Sie erzählten demjenigen mit den seltsamen Augen alles, und der schien alles zu verstehen – und dann gingen sie weg in der Überzeugung, dass sie nichts gesagt, sondern nur einen Segen von geheimnisvollem Wert erhalten hatten.

Unter den Gästen, die kamen, gab es jedoch eine auffällige Auslassung. Wenn überhaupt, dann kamen nur wenige Häuptlinge in die Jurte von Aluk Shiang Cheung, und keiner von der südlichen Ebene. Ein offizieller Besuch zog zu viel nach sich. Die mächtige Allianz von Gurdu, Thsa-ru-ma und Ngawa beherrschte die Politik von Amdo. Dennoch gab es diesseits der Goloks keinen Häuptling, der nicht einen vertrauenswürdigen Agenten oder Vertreter zu einem Besuch gesandt hatte – einem Besuch, der inoffiziell, aber immer respektvoll und angemessen von Geschenken begleitet war.

Aber noch nie sind so wichtige Gäste gekommen wie die beiden Reiter, die das Lager von Rgyal-wo Wang mit einer so sicheren Verachtung für die Hunde durchqueren und eilig und mit dem Gefühl großer Wichtigkeit vor der Jurte des Aluk absteigen. Sie sind Boten, die die Ankunft von Ah Ta, dem Häuptling des Stammes der Rzachdumba, ankündigen, der eine weite Reise unternommen hat, um diesen Besuch zu machen.

Die Ankunft des Häuptlings und seiner Männer löst im gesamten Lager des Königs der Sohk-wo die wildeste Verwirrung aus. Scharen von Reitern verjagen die Hunde, beantworten Begrüßungen, nehmen Einladungen an und verstreuen sich nach und nach zu den Feuerstellen und den Anbinde-Leinen des Lagers. Die Männer sind Gäste, die an hundert Herdfeuern Tee trinken; die Pferde stehen und warten geduldig, bis ihre Zeit zum Grasen gekomen ist; der Häuptling von Rzachdumba, Ah Ta der Kühne, macht Aluk Shiang Cheung seine Aufwartung.

Geschenke – ein quadratischer Ziegelstein vom weißesten Silber – er muss gut sein, denn auf ihm ist „Sterling" eingeprägt und das Siegel der Bank von England; Lhasa-Tuch, Pelze und gelber Brokat; alles wird so ausgelegt, dass es gut zur Geltung kommt und klar und deutlich in die Stille hinein spricht.

Gesten – die weit ausgestellten Handflächen und der gekrümmte Rücken – von Ah Ta dem Kühnen, bevor er im Schneidersitz auf dem Teppich vor dem Lama Platz nimmt; der von Hand zu Hand gereichte Begrüßungsschal, zuerst von Ah Ta und dann vom Lama, und der abschließende Austausch der beiden Schals; dann die Symbole des Segnens und der um den Hals des Häuptlings geschlungene Segensschal, der die vollständige Antwort des Lamas auf alles ist, was die Geschenke gesagt haben.

Worte – das Gemurmel der Gebete, die niemals verstummen, während der Lama mit seinem seltsamen Blick das Gesicht vor ihm absucht, und schließlich eine zumindest artikulierte Rede des anderen: „Lags-so ... der Lama weiß ... lags-so."

Ah Ta erkennt also die Gewährung von Gnade und die Erlaubnis zu sprechen an.

In Wirklichkeit ist wenig genug gesagt, und manchmal scheint das Schweigen schwer von tausend ungesagten Dingen. Wieder sprechen sie in höflich zurückhaltenden Worten über die Reise, das Wetter, den Gesundheitszustand der Herden und das Datum des nächsten Zuges aller Stämme. Nur einmal scheinen ihre Worte dem nahe zu kommen, was alle gegenwärtig denken.

„Ihr habt eine lange Reise hinter euch, fünf Tage sind es, nicht wahr? Doch seit drei Jahren habe ich darauf gewartet, den Rzachdumba-Häuptling zu sehen."

„Lags-so. Der Lama weiß", antwortete Ah Ta. „Und ich – ich habe dreiundzwanzig Jahre auf dieses Treffen gewartet."

Ah Ta, der Häuptling von Rzachdumba, verlässt den Ort in einer Eile, die größer zu sein scheint als die, mit der er gekommen ist. In seinem Schweigen kann niemand lesen, was er über Aluk Shiang Cheung denkt, den Lama, der – so groß er auch sein mag – seinen Anspruch auf die Stellung des Lama von Gurdu noch nicht durchgesetzt hat. Aber in der Vergangenheit war der Lama von Gurdu sein Bruder oder Halbbruder – Söhne von Yzimba, alle beide.

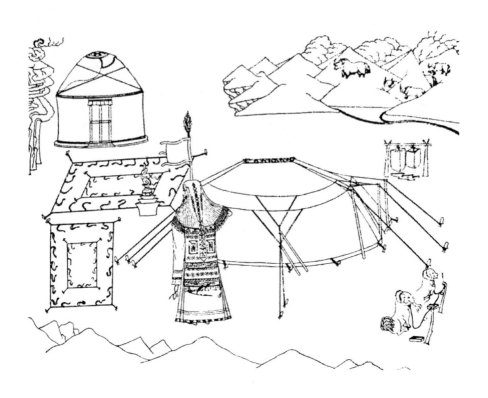

VII

Im Sommerlager von Rgyal-wo Wang, dem König der Sohk-wo, sind es nur knappe hundert Schritte vom Eingang des großen Wohnzelts des Königs bis zur Jurte von Aluk Shiang Cheung. Und doch liegen Welten dazwischen.

Das Zelt ist ein niedriges schwarzes Rechteck, das sich an den Boden schmiegt: Die Abspannseile sind gespannt wie die Klauen eines vielbeinigen Wesens, das sich gegen den Wind stemmt. Es scheint sich in sorgloser Stimmung auszubreiten: immer mehr offen als geschlossen, und die den Gewohnheiten des Nomadenlebens entspringenden Abfälle sind innen und außen verstreut. An den langen Abspannseilen hängen Filze, Regenmäntel, Schafsfellkleider und Packdecken; Brennstoffkörbe und Milcheimer sind in der Nähe des mit Vorhängen verdeckten Eingangs verstreut, und direkt vor diesem Eingang steht den ganzen Tag über die große Kanne, damit die Sonne die Entstehung der Butter beschleunigen kann. Neben dem Kommen und Gehen von Gästen und Dienerinnen, Kriegern und Kindern tummeln sich Kälber, Lämmer und Welpen unter den Höhlungen oder schlummern in stillen Ecken. Und über dem flachen Dach schwebt eine Rauchwolke, die durch den zentralen Rauchabzug aufsteigt oder durch die Maschen des Yak-Haartuchs sickert.

Die Jurte hingegen hebt sich als weißer Kegel vom Himmel ab, unnahbar und in sich geschlossen, ohne etwas mit dem Leben zu tun zu haben. Selbst wenn der Lama darin ehrenvoll thront, ist die Tür in der Regel geschlossen, und keine Spur von Rauch hängt über der runden Deckenluke.

Ein niedriger Lattenzaun um die Jurte hält selbst streunende Welpen oder Kälber in respektvollem Abstand von dem Ort, an dem der Lama meditiert, während durch eine halb geöffnete Tür der Klang von Gebeten dringt.

An einem Tag im Hochsommer, als die Dämmerung einsetzt, steht die Tochter von Rgyal-wo Wang an der Zelttür und starrt mit einem seltsam intensiven Blick auf die Jurte. Der Lama ist nicht einmal da. Kein Gemurmel magischer Beschwörungsformeln durchbricht die Stille und die Tür der Jurte ist geschlossen. Der Lama ist weit weg und reitet allein, in seinen eigenen Geschäften.

Den Blick auf die Jurte gerichtet, hat sie mit dem Buttern aufgehört, und eine Dienerin, die aus dem Zelt kommt, nimmt ihr den Griff des Butterschlegels aus den schlaffen Händen. Wan Chen Mtso geht zur Seite, starrt immer noch auf die Jurte und ist mit Gedanken beschäftigt, die in die Ferne schweifen, während ihre Finger ohne bewusste Lenkung unter ihrem rechten Ohr nach einem Ohrring suchen, der dort sein sollte und nicht ist.

Der andere Anhänger, schwer mit Gold und Korallen und spitz zulaufend mit einer winzigen Perle in der Farbe von Taubenblut, hängt noch immer an seiner Schnur, die um das linke Ohr gewickelt ist, aber ihre Finger finden weder Schnur noch Anhänger unter dem rechten.

Der Lama hatte ihn ja auch von seinem Platz genommen, als er sich im Halbdunkel des anbrechenden Tages von seinem Pferd lehnte. Wan Chen Mtso hatte sein Pferd von der Zelttür bis hinter den Rand des Lagers geführt, wie es sich für die Tochter des Zeltes gehört, denn der Lama hatte vor seiner Abreise mit Rgyal-wo Wang seinen frühen Tee getrunken. Als sie ihre Hand vom Zaumzeug fallen ließ, um sein Pferd zu befreien, machte der Lama diese schnelle Geste und ihr Ohrring war weg.

Auch sein Pferd war im Nu verschwunden – der große Schimmel mit den langen Ohren, der so wild am Gebiss zog –, und sein Reiter hatte kein Wort gesagt.

Aber Wan Chen Mtso, die so angestrengt auf die Jurte starrt, weiß, wo und wann sie ihren Ohrring wiederbekommen wird. Es ist nur ein Zeichen, aber ein Zeichen für eine bewusste Absicht und einen Plan. Die Wirklichkeit ist etwas, das zwischen der herrischen, unberechenbaren Seele von Aluk Shiang Cheung, – dem Lama, der seine eigenen Geschicke lenkt –, und dem Stolz und der Leidenschaft von Wan Chen Mtso, – der einzigen Tochter von Rgyal-wo Wang –, brennt.

An jenem Tag mit unbeständigem Sonnenschein und ständigem Wind, als sie einige Monate zuvor zum ersten Mal zusammen gewesen waren, hatte es kein Anzeichen gegeben, ebenso wenig wie in den Monaten zuvor oder in den Monaten danach.

Er hatte unzählige Male am Herdfeuer im großen Zelt gesessen, am Tee genippt, mit den sich stets abwechselnden Mitgliedern von Rgyal-wo Wangs kleinem Hofstaat geplaudert oder sich einfach nur schweigend von seinen Gedanken leiten lassen. Oft leistete ihm auch die

Tochter des Zeltes Gesellschaft, während sie das Feuer hütete oder die Butter schlug. Manchmal schenkte sie ihm auch Tee ein und reichte ihm die Schale mit beiden Händen.

„Mit Respekt", hatte sie immer gesagt.

Aber ihre Augen – stimmten sie immer mit ihren Worten überein? Sein halb unwilliger Blick folgte ihr – der berühmten Schönheit der Schwarzen Zelte – mit dem privilegierten Blick eines Lamas, der über jede Frage erhaben war.

Manchmal war es nicht Ehrfurcht, sondern Stolz und die Antwort einer begehrten Frau, die diesen Blick erwidert hatte. Immer wieder hatte sie sein Pferd – „mit Respekt" – an den Rand des Lagers geführt, wie es die Tochter des Zeltes tun sollte, um ihn auf seinem Weg hinauszubegleiten. Oder sie hatte für den Lama einen Teppich ausgebreitet, – „mit Ehrfurcht" –, aber die Geste war mit plötzlicher Intimität für den Mann aufgeladen.

Das war alles gewesen, bis zu dem Tag, an dem sie sich allein auf einer windgepeitschten Hügelkuppe trafen. Sie hatte dem Dienstmädchen beim Hüten der Schafe Gesellschaft geleistet, doch am späteren Vormittag war das Dienstmädchen unter irgendeinem Vorwand weggegangen. Wan Chen Mtso wusste jedoch genau, dass es sich um ein Rendezvous handelte. Da aber das Mädchen vor Einbruch der Dunkelheit wieder am Lagerfeuer sein würde, machte es für die Tochter von Rgyal-wo Wang wenig Unterschied. Sie hatte bereitwillig eingewilligt und über die Eile und den kaum verhohlenen Eifer des Mädchens gelacht. Doch das Wissen, dass es ein Stelldichein war, das die andere fortgerufen hatte, hatte auch ihren eigenen Puls ein wenig schneller schlagen lassen. Etwas regte sich in ihr: Obwohl der Sonnenschein unbeständig war, lag der Frühling in der Luft, und der Boden war warm, auch wenn der Wind noch vom Winter stöhnte.

Das große graue Pferd von Aluk Shiang Cheung kam mit einer plötzlichen Eile den Hügel hinauf und überraschte sie, doch sie kam noch rechtzeitig auf die Beine, um ein „Willkommen" zu sprechen und den Kopf des Pferdes zu halten, als der Lama abstieg. Er war gekommen wie ein plötzlicher Windstoß, so dass sie keine Zeit hatte, wieder in ihren großen Schafsfellmantel zu schlüpfen, der im Sonnenschein, von innen nach außen gewendet, ausgebreitet war. Ihren weinfarbenen Regenmantel aus Lhasa-Tuch hatte sie eher beiläufig umgebunden, so dass Schultern und sogar Brüste frei lagen. Doch als sie aufstand, um das Pferd zu halten, bedeckte sie sie mit dem langen Ärmel, aus Respekt vor dem Lama, der gekommen war.

Es war Aluk Shiang Cheung, doch bis auf den gelben Besatz seines Lammfellmantels war er wie ein Laie gekleidet: ein Laie von Rang und Namen – Fuchspelzmütze à la Golok, eine Flinte auf dem Rücken und ein Schwert, das er quer in seinem Gürtel trug. So ritt er oft weit und unbekümmert allein in seinen eigenen Anliegen, ritt, wie ein Lama niemals reitet, und vertraute zur Sicherheit nicht darauf, ein Lama zu sein, sondern auf seine Flinte und die Geschwindigkeit seines Pferdes.

Wan Chen Mtso kümmerte sich um das Pferd und kehrte dann zurück, um die Pflichten einer Gastgeberin gegenüber dem unerwarteten Gast an ihrem Feuer zu erfüllen.

„Ich habe euren Rauch von weit unten im Tal gesehen und dachte, es sei ein Hirtenlager. Wo sind die anderen? Bist du allein?"

Seine Stimme änderte sich leicht, als er die letzten Worte sagte, und er streifte seinen Mantel von den Schultern und ließ ihn um seine Taille fallen, um seine Schale herauszuholen und sie neben das Feuer zu stellen.

„Allein, mit Ehrfurcht", antwortete sie. „Allein, mit Respekt, aber Yok-mo wird zurückkehren, bevor es Zeit für die Schafe ist, zum Lager zurückzukehren."

„Ah, Yok-mo." Die Stimme des Lamas war beiläufig. „Was macht sie, fern vom Feuer?"

Wan Chen Mtso bereitete die Schale des Lamas für das Eingießen des Tees vor – einen gehäuften Löffel trockenen weißen Käse von der Feinheit groben Sandes; einen Löffel gerösteten Gerstenmehl, das den Käse bedeckte und auf den Boden der mit Silber ausgekleideten Schale gestreut wurde; Butterspäne – davon kullerten viele in diese, Schale, die am Feuer stand. So bereitete sie die Schale für das Eingießen des Tees vor. Und dann hielt sie ihre linke Hand respektvoll in die Luft, während sie mit der Kelle den Milchtee aus dem Nomadenkessel goss.

„Mit Respekt – der Lama weiß – mit Respekt. Will die Gegenwart am Teetrinken teilnehmen? Und hier ist auch gekochtes Fleisch."

Sie schien seine Frage nicht gehört zu haben und wippte auf ihren Fersen zurück, um den „Feuersack" aus Ziegenleder zu betätigen.

„Was macht Yok-mo an einem Tag wie diesem?"

Er wiederholte die Frage, während er die Schale aufhob und dann den Kopf gegen den Rauch neigte, der vom Wind aufgewirbelt und niedergedrückt wurde. Das Mädchen wich dem Rauch aus und sie waren sich näher als je zuvor. Sie antwortete:
„Was sollte sie an einem Tag wie diesem tun? Was wird sie wohl tun, wenn sie mit jenem zusammen ist, für den ihr Fleisch brennt?"
Es herrschte nur Schweigen, schwer von Dingen, die noch nicht gesagt werden konnten, um diese Frage zu beantworten, und als sich der Rauch lichtete, starrten beide in den Tag, der jetzt war ... „Ein Tag wie dieser", hatte sie gesagt. Der Tag war blau und golden, und der letzte Hauch des Winters kämpfte einen verlorenen Kampf gegen die warme Geburt des Sommers.

Das Lagerfeuer befand sich auf einer Hügelkuppe, aber tatsächlich halb versteckt in einer Mulde auf diesem Gipfel. Nur die fernen Berge und der Himmel waren von dort aus zu sehen, wo sie neben dem Feuer saßen.

Die Berge waren noch schneebedeckt, aber ringsum ragte das neue grüne Gras halb durch die Büschel des alten Winterheus, und die Erde, aus dem Griff des Frostes befreit und plötzlich warm, gab den unstetigen Sonnenschein als einigermaßen konstante Wärme zurück. Kein Wunder, dass das Mädchen ihren großen Schafsfellmantel in der Sonne ausgebreitet hatte und nur den weinroten Mantel trug, den sie sich umgeschnallt hatte, so dass Arme und Schultern nackt blieben.

Ihr Haar hing ihr in einem unregelmäßigen Knoten um das Gesicht, hinter dem ihre Augen lauerten.

Plötzlich wusste sie, dass sie ihn mit der ganzen Intensität ihrer Jugend von achtzehn Sommern begehrte. Sie wollte Aluk Shiang Cheung, dessen glatte, ungebräunte Schultern fast golden schienen, passend zu seinem Mantel, der nach Laienart gefertigt und getragen wurde, aber auch gelb war. Diese Schultern waren viel heller als ihr eigener sonnenverbrannter Rücken, und sie wollte ihre Zähne in sie schlagen oder sie zumindest ergreifen und in ihren halb geschlossenen Fingern spüren. Sie wollte Aluk Shiang Cheung, und das enorme Ausmaß dieses Verlangens ließ alles zu.

Sie sprach mit erstickter Stimme.

„Was würdest du an einem Tag wie diesem mit der, die du erwählt hast, machen, wenn du mit ihr allein wärst? Allein!"

Beim letzten Wort sprangen ihre Augen aus dem Hinterhalt hervor und lieferten sich einen seltsamen Kampf mit den seinen, und ihre Brüste waren nicht länger bedeckt, aus Respekt davor, dass er ein Lama war ...

Sie sollte nie erfahren, wie alt das Verlangen war, das aufflammte, um auf das ihre zu antworten. Er war ein Mann von einer seltsamen und hartnäckigen Zurückhaltung. Sie erfuhr nie, was er bereits fühlte, als der große Graue neben einem Feuer zum Stehen kam, an dem sie allein saß. Sie erfuhr nie, ob er überhaupt zu ihr geritten war, nachdem er hörte, wie die Pläne für den Tag besprochen wurden, während er seinen frühen Tee trank, oder ob es etwas war, das zu einem plötzlichen gigantischen Wirbelsturm, zu Existenz und Macht aufblitzte, als sie ihm mit der dreimaligen Wiederholung dieses „Du" seine Lamahaftigkeit entrissen und dann die ganze neue Männlichkeit, die in ihm zum Vorschein kam, allein mit dem Wort herausgefordert hatte.

Sie sollte es nie erfahren. Aber in dieser halb verborgenen Kuhle, wo der Wind über sie hinwegzog und die Erde unter ihnen den unbeständigen Sonnenschein in beständige Wärme verwandelte, war sie reichlich zufrieden, sich ihm und einem Verlangen hinzugeben, das ihrem eigenen durchaus entsprach.

Danach war er immer noch der Lama. Hätte sie es erzählt, wäre er immer noch der Lama gewesen, denn „nur der Lama weiß". Im Gegensatz zu diesem sicheren Wissen ist das Wissen von irgendjemandem – sogar das Wissen der Sinne – eine Illusion. In der Tat fragte sich Wan Chen Mtso in den folgenden Monaten sogar selbst, ob das Zeugnis ihrer eigenen Sinne nicht eine Illusion war, denn alles war wie zuvor. Niemals verriet Aluk Shiang Cheung mit einem Blick oder einem Wort ein Erinnern an jene Momente auf der Hügelkuppe. Vielleicht hatte das auch nie stattgefunden. Als Yok-mo zurückkam, hatte sie Wan Chen Mtso allein vorgefunden. War sie nicht die ganze Zeit über allein gewesen?

Irgendwann in der Mitte dieser vergehenden Monate kam Ah Ta, der Häuptling der Rzachdumba, um seinen lang hinausgezögerten Besuch abzustatten. Und nach diesem Besuch vergingen die Tage wie zuvor.

Oft machte sich Wan Chen Mtso Gedanken über die Zukunft von Lama Shiang Cheung. Sie wusste sehr wohl, dass er sich als anerkannter Lama sogar eine Frau nehmen könnte – sogar mehrere Frauen – und trotzdem ein Lama bleiben würde. In der Tat konnte keine seiner Handlungen dies jemals ändern. Ein Lama bleibt bis zu seinem Tod ein Lama, auch wenn sein Ansehen durch jene seiner Handlungen, die den Regeln des Mönchsordens zuwiderlaufen, leiden mag. Ein Lama ist nicht Lama aufgrund von etwas, das er studiert, erlangt oder verdient hat, sondern die einfache Tatsache, ein Lama zu sein, ist sein letztes Argument und sein oberster Anspruch auf das Lama-sein. Selbst wenn sie es erzählt und man dieser Erzählung geglaubt hätte, wäre er immer noch der Lama gewesen.

Aluk Shiang Cheung war jedoch in gewissem Sinne nach wie vor nur ein Anwärter, der um große Einsätze spielte. Er hatte bisher nur einen vorläufigen Status erlangt. Vielleicht erinnerte er sich deshalb weder mit Worten noch mit Blicken an jene Momente auf der Bergkuppe. Vielleicht – aber auch Wan Chen Mtso hatte ihren Stolz, und obwohl sie in der Nacht ihre Fingernägel in die Handflächen grub vor Sehnsucht, seine Schultern zu spüren, gab auch sie kein Zeichen, selbst wenn sie ihm im schwarzen Zelt den Tee einschenkte und sie allein waren.

Dann, im Halbdunkel der Morgendämmerung, lehnte sich Aluk Shiang Cheung von seinem Pferd und nahm mit einer raschen, sicheren Geste – wie zum Segnen – ihren Ohrring und war fort. Fort, um auf die kühne Art eines wilden Jungen einen langen Tag lang in seinen eigenen Angelegenheiten zu reiten, aber doch, um sicher in der Nacht zur Jurte zurückzukehren.

Deshalb steht Wan Chen Mtso in der Tür des Zeltes und starrt auf die Jurte, denn es ist bald Zeit, dass der Lama zurückkommt. Dann wird sie hundert Schritte in eine andere Welt gehen und die Nacht an diesem seltsamen, halbmystischen Ort verbringen – in der weißen Jurte, die so weit vom Leben entfernt ist. Sie wird diese Entfernung zurücklegen – nur hundert Schritte – um ihren Ohrring zurückzugewinnen: das Juwel einer Königstochter.

Andere Frauen gehen für ein solches Stelldichein in Zelte oder an geheime Schlafplätze am Rande des Lagers – in Zelte, um einen Mann zu finden; in Zelte, in denen die Abfälle des Nomadenlebens überall verstreut sind, oder in ein warmes Versteck, in dem Pelze und ein Regenmantel aus Filz mitten unter den Herden Schutz bieten. Sie aber wird in die Jurte eines Lama gehen, um ihren Mann zu finden. Doch was wird aus dem Lama, vor allem aus einem noch nicht anerkannten Lama?

Während sie starrt, formt sich auf ihren wartenden Lippen ein vertrauter Satz, der mehr Frage als Antwort ist, kaum hörbar:

„Der Lama weiß – nur der Lama weiß."

Später in den dunklen Stunden, wenn das Reden leicht fällt, stellt sie eine Frage und erhält eine halb erstickte Antwort.

„Alle Regeln einzuhalten, ist lediglich die Aufgabe eines Mönchs. Nur ein Lama kann sie ändern und dennoch jemand bleiben. Wegen dieser Nacht und der anderen Nächte, die folgen werden, werden mir die Menschen glauben. Ich bin ein Lama."

In diesem Moment glaubt auch sie an ihn wie nie zuvor, und wie man ein Glaubensbekenntnis spricht, murmelt sie,

„Der Lama weiß."

VIII

Aluk Shiang Cheung sitzt auf seinem großen Schimmel und reitet zügig den Weg entlang, doch anders als zu den anderen Zeiten, als er auf demselben Pferd allein und frei zu Ratsversammlungen oder einem geheimen Stelldichein ritt. Jetzt reitet er als Gefangener. Seine Füße sind an den Steigbügeln festgebunden, die Seile unter dem Bauch des Pferdes von einem Fuß zum anderen gezogen. Die Manschetten seiner Ärmel sind vor ihm fest zusammengeschnürt, seine Hände sind warm, wohl wahr – aber effektiv gefesselt. Und der Graue folgt dem Zug, nicht der Zügel, denn die sind locker um seinen Hals geknotet, sondern des Führungsseils, das von einem vorausreitenden Reiter gehalten wird. Um den Gefangenen herum bewegen sich die bewaffneten Reiter in einer ziemlich kompakten Gruppe den Pfad entlang, obwohl ihre Späher weit vor und weit hinter ihnen sind und der Silhouette auf beiden Seiten des Tals folgen, in dem sie reisen.

Sie erreichen den Talschluss und erklimmen mit verdoppelter Vorsicht den Pass. Ein weiterer Abschnitt des Graslandes breitet sich vor ihnen aus, als sie über den Bergkamm kommen; die Kämme und Mulden sind scharf gezeichnet in einem Muster aus Sonnenschein, der sich rötet und leicht violett zu werden scheint, und Schatten, die immer länger und schwärzer werden, denn die Sonne steht tief im Westen. Kurz hinter der Passhöhe und unterhalb der Horizontlinie halten die Reiter einen Moment inne, um die Landschaft vor ihnen nach Anzeichen von Reitern abzusuchen, die außer ihnen in dem unberührten Weideland zwischen dem Land der Schwarzzelte und der südlichen Ebene unterwegs sind. Sie sehen nichts, und einer ihrer Späher, der plötzlich auf der Schulter eines Hügels in einiger Entfernung auftaucht, gibt ihnen das Zeichen, in den tiefer werdenden Schatten zu gehen.

Diese Schatten, die ihnen verraten, dass die Nacht bereits angebrochen ist, sowie dieses Signal, haben ihre Wirkung auf die Reiter. Eine gewisse Anspannung im Handeln und Sprechen scheint sich zu lösen, und sie unterhalten sich untereinander mit so etwas wie beginnender Entspannung. Einiges von dem, was sie sagen, richtet sich gegen den Gefangenen, der in ihrer Mitte reitet; nicht einmal alles davon ist beleidigend, aber er antwortet auf nichts.

Mit der Überquerung der Wasserscheide sind die Chancen einer möglichen Verfolgung und eines Kampfes oder zumindest eines Scharmützels vorbei, und die vor ihnen liegende Nacht verspricht fast völligen Schutz. Sie können sich durchaus selbst beglückwünschen: der Verwalter von Gurdu am lautesten von allen, denn er hält sein großes schwarzes Pferd dicht an den Schimmel des Lamas und stichelt hin und wieder kurz gegen ihn. Doch noch immer spricht der Lama nicht.

Mit der Überquerung des Passes ist die letzte Chance auf Rettung vorbei. Durch die Schwärze einer Nacht, die sich gegen den zurückweichenden Sonnenschein auf sie zu stürzen scheint, reitet er in das Land seiner Feinde. Die Dunkelheit ist ihnen freundlich gesinnt und verbirgt sie, aber er weiß wohl, dass sie ihm nicht helfen kann, zu entkommen. Was sollen ihm also die Worte nützen?

Er hat nicht mehr gesprochen, seit der erste Ansturm bewaffneter Männer auf sein Frühstückslagerfeuer ihn völlig unvorbereitet erwischte, das Gewehr gerade außerhalb seiner Reichweite platziert, um mehr Platz um das Feuer und das Essen zu schaffen. Er versuchte nicht, sich zu verteidigen oder Widerstand zu leisten, denn es war hoffnungslos und nutzlos, und seine Männer, die seinem Beispiel folgten, retteten ebenfalls ihr Leben: alle bis auf den einen, der als sein Assistent sein Leben den Geschicken von jenem, Der-gekommen-ist, untergeordnet hatte.

Wegen dieser einen aussichtslosen Bewegung – er zerrte an einer Mauser-Pistole, die gegen seine fieberhafte Langsamkeit im Holster gefangen zu sein schien – liegt er nun mit dem Gesicht nach unten, wo er beim Fallen im Streufeuer hin taumelte – es sei denn, die Geier sind bereits angekommen. Die anderen wurden entwaffnet, ihrer Pferde beraubt und freigelassen. Niemand will sie haben, so wie die Verwalter des Großen Hauses von Gurdu Aluk Shiang Cheung haben wollen. Niemand wartet auf sie, so wie die Mönche von Gurdu in Tahk Thzang Lhamo auf die Ankunft des Prätendenten warten.

Die Manager des Großen Hauses von Gurdu und die Mönche von Gurdu brauchen Aluk Shiang Cheung, und das wird seit drei Jahren immer drängender. Das wuchs seit der Nacht, in der Aluk Shiang Cheung – der Prätendent, wie ihn der Verwalter nennt, während er sein Pferd im Dunkeln nah an sich heranführt und versucht, ihn mit allen Spottmitteln, die sein Geist und seine Zunge hervorbringen können, zum Sprechen zu bringen – seit jener Nacht also, als er Wan Chen Mtso bis nach Sonnenaufgang in seiner Jurte behielt, und sie auch bei Tageslicht dort behielt, um ihm seinen frühen Tee zu servieren und mit ihm zu teilen.

Er wurde der Schwiegersohn des großen Rgyal-wo Wang – ein etwas dekadenter Nachfahre einer langen Reihe von Königen, die einst ganz Amdo regierten, aber dennoch ein König. Er wurde Schwiegersohn, denn diese gemeinsame Nacht in der weißen Jurte des Lamas war keine vorübergehende Angelegenheit. Von dieser Nacht an war Wan Chen Mtso über Tage und Nächte hinweg seine Frau. Sie servierte ihm den Frühtee, sie hütete seine Herden, sie bewirtete seine Gäste, und immer wartete sie an der Tür der Jurte, wenn er von jenen langen Ritten zurückkehrte, auf denen er allein in seinen eigenen geheimnisvollen Angelegenheiten unterwegs war, oder von den routinemäßigeren Reisen, wenn er das Land der Schwarzen Zelte, den Sohkwo und all die anderen Regionen bereiste, in denen sein Ruhm als Lama begründet war. Stets stand sie an der Tür der Jurte, stolz und leidenschaftlich, mit hoch erhobenem Kopf und großen Augen, um ihn an seinem Feuer und in ihrem Besitz willkommen zu heißen.

Von jenem ersten Morgen an waren seine Angelegenheiten neu und anders als zuvor gediehen. Reichtum, Ansehen und Erfolg waren ihm bereits zuteil geworden. Er war ein großer Magier, ein gelehrter Mönch. Selbst Gurdu war bereit, das zuzugeben. Aber kein Mönch wagte es, der Religion so zu dienen, wie er es nach dem Bruch eines Mönchsgelübdes weiterhin tat. Wan Chen Mtso, die Königstochter von berühmter Schönheit, die an der Tür seiner Jurte wartete, war der erstaunliche, triumphale Beweis dafür, dass er kein einfacher Mönch war. Er war weiterhin ein großer Magier. Viele erklärten sich empört, doch sie suchten die Dienste und erkauften die Gebete eines Mannes, der groß genug war, um über allen Regeln zu stehen. Er musste ein Lama sein. Zu dem Namen Aluk Shiang Cheung, – ein Name, der bereits weit und breit akzeptiert war –, begannen die Menschen hier und da flüsternd einen Untertitel hinzuzufügen, den größten von allen: „Der Erretter von Gurdu".

Dies geschah nicht nur in der Region der Schwarzen Zelte, wo er bereits bis zu einem gewissen Grad akzeptiert worden war. Sogar unter den zwölf Stämmen der südlichen Ebene, in den Regionen, in die er sich noch nicht zu begeben wagte, – und in denen die Menschen es nicht wagten, seinen Namen zu erwähnen, weil die vereinte Macht von Ngawa, Thsa-ru-ma und Gurdu jeden, der mit ihm gemeinsame Sache machte, tatsächlich mit dem Tod bedrohte –, selbst dort also begannen seltsame Gerüchte zu kursieren. Alte, schon halb vergessene Geschichten wurden wieder erzählt.

Einmal wurde im großen Zelt des Sohk-tsong-Häuptlings, der ein Satellit von Ngawa war, die Geschichte, die ein Pilger einst erzählt hatte, wiedererzählt. Zumindest wurde einiges davon gesagt oder nacherzählt. Zuerst war sie nur für drei Paare von Ohren geflüstert worden, aber der Wind hatte Teile der Geschichte gestohlen und sie auf seltsame Weise vermischt. Der kapriziöse Wind hatte diese Mischung in die Nacht getragen, und was der Wind hinausgetragen hatte, war die verstümmelte Geschichte, die weitererzählt wurde. Der Häuptling von Sohk-tsong hatte gelacht, war aber streng und todernst geworden, als jemand die zusätzliche Information lieferte, dass Aluk Shiang Cheung einen der wertvollsten Schimmel der Sohk-tsong-Herde ritt.

Einige Zeit später pilgerte der alte Pferdehirte von Gurdu nach Kumbum, kehrte aber nicht mehr in das Gurdu-Lager zurück. Dennoch kam eine Nachricht zu seinen Freunden zurück, die besagte, dass er bei einem Lama, der Pferde liebte und zu reiten verstand, Dienst getan hatte. Aber seine Freunde wagten es nicht, auszusprechen, wo es war, dass er solche Dienste gefunden hatte.

Plötzlich schien Musa seiner Geschäfte und der Anhäufung von Reichtümern in Lhamo überdrüssig zu werden und ging in die alte Stadt Taochow an der chinesischen Grenze, um dort zu leben und Handel zu treiben. Dort verwöhnte er seine tibetischen Kunden weiterhin mit Getränken aus einem braunen Krug. Aber Stammesangehörige, die mit ihm Handel trieben, wenn sie die chinesische Stadt mit der jährlichen Handelskarawane besuchten, sagten, dass er selbst wieder dem Alkohol verfallen war und im betrunkenen Zustand wilde Geschichten erzählte. Einmal kam Ah Ta, der Häuptling von Rzachdumba, zu Besuch und verbrachte eine Nacht mit ihm. Ah Ta sagte jedoch nie etwas zu irgendwem, obwohl er danach auch Aluk Kong Thang, seinen Bruder in Labrang, besuchte.

Mit der zunehmenden Möglichkeit, als Gurdu Lama anerkannt zu werden, schien Aluk Shiang Cheung jedoch selbst etwas von der

Intensität seiner Ziels zu verlieren, diese Anerkennung zu erlangen. Der Lama, der wie ein Laie mit einem silberbeschlagenen russischen Gewehr auf dem Rücken und einem goldbeschlagenen Lhasa-Schwert im Gürtel ritt, empfand das Leben als sehr angenehm: höchst angenehm, wenn das Heulen der Lagerhunde ihm eilig zur Tür seiner Jurte folgte und eine Gestalt, die sich für einen Moment gegen das Licht abzeichnete, das durch die offene Tür strömte, sagte,

„Ah, du bist gekommen. Gut gekommen – der Lama weiß – Gut gekommen."

Und bewegte sich zum Kopf seines Pferdes; sie hielt ihn, wie sie ihn einst auf einer Bergkuppe gehalten hatte, um einem Lama zu helfen, an ihrem Feuer abzusteigen und in ihr Leben zu treten.

Vielmehr war es Wan Chen Mtso selbst, die ihn zum Kampf anhielt. Das Leben war auch für sie sehr angenehm, aber ein seltsames Verlangen nach Macht – stärker noch durch die Tatsache, dass ihr Haus das Haus einer etwas verfallenen Tradition der Macht war – versperrte ihr, selbst mit dem Besitz von Aluk Shiang Cheung, die völlige Befriedigung. Sie hatte einen goldenen Gott in ihre Arme geschlossen, aber sie wollte, dass er noch mehr von einem Gott auf einer noch höheren Ebene war. So träumte sie vom Großen Haus von Gurdu und forderte das Schicksal heraus, sie davon auszuschließen, sollte Aluk Shiang Cheung seinen Platz darin gewinnen.

All diese Dinge: Gerüchte, Geschichten, Intrigen, Drohungen und die Bedrohung neuer Kombinationen in der Machtpolitik der Stämme von Amdo beunruhigten das Große Haus von Gurdu immer mehr. Der Heilige Widder lernte in seiner Verwirrung, den vorgeblichen Lama, – den Schwiegersohn von Rgyal-wo Wang –, zu verfluchen, während er sich die ganze Zeit über in seinem innersten Herzen fragte, wer diese beunruhigende Gestalt wirklich war – denn er, der Heilige Widder, war gezwungen, an unzähligen Sitzungen teilzunehmen, in denen nur darüber gesprochen wurde, wie man den Prätendenten, – den Falschen –, loswerden konnte. Der Gurdu Lama selbst machte sich nie Sorgen. Er machte sich nie Sorgen um irgend etwas, denn das Leben war immer wie ein Traum, in dem er wohlgenährt war – und das reichte. Aber seine beiden Brüder, die beiden Ombos, rasend eifersüchtig auf die neu gewonnene Macht und empfindlich gegenüber allem, was ihre Interessen bedrohte, suchten unablässig nach einer – schnellen und endgültigen – Lösung für ihr plötzliches Erbe an Schwierigkeiten. Und der Verwalter, dessen Seele von einem aus der Furcht und der Erinnerung daran geborenen Hass verfinstert war, träumte davon, Aluk Shiang Cheung – so nannte sogar er den, Der-gekommen-war – endlich in seinen Händen zu haben.

Die Lösung, die auch die aufwändigste Planung nicht bringen konnte, kam durch ein zufälliges Wort, das ein Pilger sprach, als er in der Gurdu-Gasthalle aß und mit seinen Gastgebern plauderte. Aufgrund dieses Wortes haben die Gurdu-Räuber Aluk Shiang Cheung bei seinem Frühstücksfeuer überrumpelt und ihn ohne Schaden für sich selbst in ihre Gewalt gebracht.

So reitet er durch eine Dunkelheit, die seine Feinde schützt, ihm aber keine Chance zur Flucht gibt. Er ist hungrig und durstig, und seine große Fuchspelzmütze ist über einem Auge verrutscht, aber er kann sie nicht hochschieben, und er spricht mit niemandem. Er hat nicht mehr gesprochen, seit sie über ihn hergefallen sind und es plötzlich zu spät war, sein silbernes Gewehr oder auch nur das Lhasa-Schwert zu benutzen. Sie haben sie ihm weggenommen.

Nur mit Schweigen bewaffnet reitet er durch die Dunkelheit; er reitet nicht auf ein offenes, lichtdurchflutetes Tor zu, wo eine Gestalt kommt, um den Kopf seines Pferdes zu halten, so wie einst eine Königstochter ihn hielt, als sie ein Zeichen verlor, das nur die Liebe zurückgewinnen konnte, sondern er reitet auf den Tod zu, der ihm gewiss entgegenkommt, auch wenn er sich durch die langen Verzögerungen der Qualen verspäten mag. Dennoch richtet er sich im Sattel auf und verlagert sein Gewicht ein wenig auf die Füße, die in den Steigbügeln stecken. Wenigstens reitet er dem Tod entgegen, wie es sich für einen wahren Reiter gehört, und vielleicht wird es nicht allzu lange dauern, bis er ihn am Ende seines Rittes trifft.

„Dein Platz im Großen Haus von Gurdu steht für dich bereit", spottet der Verwalter und spricht wieder und wieder.

Aber Aluk Shiang Cheung ist mit Schweigen gewappnet und antwortet nicht.

IX

Der Lichtschein einer einzigen Butterlampe breitet sich in der Dunkelheit aus und verdrängt die begrenzenden Schatten der Wände und der Decke des kleinen Raumes. Während sich die Lampe dreht und wendet, schweben drei Gesichter ungewiss in diesem Lichtschwall, treiben dann und wann in eine momentane Klarheit und verlieren sich wieder in der Düsternis.

Das des Verwalters von Gurdu ist am deutlichsten zu sehen, denn er ist es, der die Lampe hält, und egal, wie er sie dreht, sein Gesicht ist nie weit entfernt. In diesem Licht ist sein Gesicht dennoch dunkel vor aus Angst geborenem Hass. Aber der Hass, der aus Angst kommt, wird nicht mehr durch Furcht geschwächt oder beunruhigt. Aluk Shiang Cheung ist so ganz und gar in seiner Macht, dass er ihn als den, Der-gekommen-ist nicht mehr fürchtet. Seit zehn Tagen kommt er jeden Tag einmal, um sich zu vergewissern, dass es wirklich Aluk Shiang Cheung ist – der einstige strahlende Lama des Höhleneingangs –, der in der dunkelsten Zelle des Lamakloster-Gefängnisses gefesselt ist. Auch diesmal starrt er ihn an, um sicher zu sein – aber mit einer grimmigen Endgültigkeit des Zwecks in seinem Blick.

Das zweite Gesicht, das des Gurdu-Ombo, erzählt von einem hämischen Triumph, der sich kaum zurückhalten lässt. Ein ums andere Mal leckt er sich verstohlen über die Lippen, als hätte er etwas Gutes gekostet, und seine Mundwinkel zucken vor Eifer. Doch die Arroganz seines Blicks kann eine halb verschämte Neugier nicht verbergen, denn es ist das erste Mal, dass er Aluk Shiang Cheung, den Prätendenten, jemals zu Gesicht bekommt. Nachdem er ihn aber gesehen hat, scheint sich sein Gesicht vor Entschlossenheit zu verhärten, und wieder fährt er mit der Zungenspitze über seine volle Unterlippe.

Das dritte Gesicht, das in dem von der Butterlampe erzeugten Licht schwimmt, zeigt nichts. Die Spuren des Hungers, der Misshandlung und des Schmutzes von zehn Tagen enger Gefangenschaft ohne Wäsche scheinen etwas zu sein, das vor dem Gesicht hängt und nicht zu ihm gehört; es ist an sich davon unberührt und ausdruckslos. Es ist mehr als ein ruhendes Gesicht: Es ist ein Gesicht, das völlig und absichtlich leer ist – so leer, dass niemand weiß, welche Absicht sich hinter den einzelnen Zügen verbirgt. Selbst die Augen, die in dem unerwarteten Licht seltsamerweise nicht blinzeln, sind keine Augen, sondern Vorhänge, die fest zugezogen sind, ganz gleich, wie das Gesicht im wechselnden Licht vor- und zurückzutreten scheint.

Zehn Tage und Nächte sind vergangen, seit die Gurdu-Räuber auf die Hügelkuppe auf der anderen Talseite des Gurdu-Lamaklosters zurückgekehrt sind und die Mönche und die Bewohner des „Randes" – diejenigen, die in den um den Handelsposten gruppierten Weilern leben – mit der Ankündigung ihres Erfolgs geweckt haben. Als Antwort auf den Lärm ihrer Schüsse und ihrer Rufe, die wie das Echo eines heulenden Wolfsrudels klangen, blitzten Fackeln in der Dunkelheit auf, und aus den Hütten, die den Pfad flankieren, kamen Antwortrufe. Die Nacht war erfüllt von Fragen, die nach Details und vollständiger Bestätigung verlangten. Als die Reiter mit dem Lärm eines Kavallerie-Trupps durch die Furt in der Nähe des Lamaklosters geritten waren, wussten die Bewohner von Tahk Thzang Lhamo, dass der Prätendent für den Thron des Gurdu Lama als Gefangener nach Lhamo gebracht wurde. In allen Gassen des Lamaklosters ertönte der Schrei,

„Er ist gefangen genommen worden. Er ist gefangen genommen worden."

Diesem Schrei folgte das verwirrte Murmeln der Worte „Der Lama weiß – Om mani padme hum – der Lama weiß!" aus Hunderten von Kehlen. Was auch immer diese Worte bedeuten mochten: Genugtuung, Verwunderung, Ratlosigkeit oder sogar Mitleid und Bedauern.

Nicht alle Menschen am Wegesrand und auch nicht alle Mönche des Lamaklosters freuten sich: Viele von denen, die am lautesten jubelten, hatten insgeheim Bedenken, denn die Tragödie war gewiss nahe. Einige zweifelten immer noch, auch als der Chor der Anprangerung und des Jubels am lautesten war.

Andere wagten es noch, sich selbst etwas zuzuflüstern,

„Der Gurdu Lama – der wahre Lama – soll getötet werden."

Dann warteten sie auf den Anbruch des Tages und damit auf die Bestätigung ihrer Befürchtungen. In den Köpfen aller herrschte nur in einem Punkt Ungewissheit: Niemand war sich sicher, auf welche Weise der Prätendent sterben würde, dass er aber sterben würde, daran zweifelte niemand, am wenigsten er selbst.

Stattdessen vergingen zehn Tage. Er selbst wusste nicht genau, wie lange diese Zeit des Wartens dauerte. In der Dunkelheit, der Kälte und der betäubenden Qual seiner Fesseln erriet er die Dauer der Zeit nur anhand der Besuche einer Person, die ihm in unregelmäßigen Abständen Essen und Trinken in unzureichender Menge brachte. So wusste er auch nicht, ob es Tag oder Nacht war, als das flackernde Licht der Butterlampe ihm zwei Gesichter anstelle von einem zeigte; er wusste aber, dass seine Zeit nahe war: seine Zeit der Prüfung oder des Gerichts, wenn nicht des Todes.

Durch den Vorhang aus Augen, die nichts zeigen und nichts sagen, erinnert er sich an den Verwalter und erkennt dann intuitiv den Ombo als das, was er ist. Jedes Gesicht schwimmt im Licht wie ein Vorzeichen.

Sie sind durch ein gemeinsames Ziel miteinander verbunden, und doch ist jedes von ihnen in seinem Plan und in der Intensität seiner Absicht verschieden.

Zu diesem Zweck spricht der Verwalter, um etwas zu sagen, was er schon viele Male auf dem Weg gesagt hat.

„Dein Platz im Großen Haus von Gurdu ist für dich bereit."

Aber er weiß um die absurde Sinnlosigkeit seines Spottes, sobald er gesprochen hat, und in diesem Gefühl der Frustration kann er sich nicht zurückhalten, erneut zu sprechen.

„Höllenschlund, wir werden dich sprechen lassen. Ich werde ..."

Die Augen des Gefangenen sind ganz leer: Sein Geist hat sich an einen fernen Ort zurückgezogen. Der Verwalter hält die Lampe noch näher an sein Gesicht, und das Licht fließt über die Konturen wie die Flut über einen Felsen. Die Gesichtszüge verändern sich, während sich die Schattenbögen verschieben und verändern, und auf beiden Seiten des Gesichts werden plötzlich die beiden Ohren – voll gelappt und ungewöhnlich lang, wie es sich für die Ohren eines echten Lamas gehört – im Lampenlicht sichtbar. Der monströse Umriss des Kopfes füllt eine Ecke und die Wand der Zelle aus, aber der Gesichtsausdruck ändert sich nicht. Es gibt keinen Ausdruck, nur völlige Leere. Gegen diese Leere, als wäre sie eine persönliche Beleidigung und Herausforderung, vor der er sich nicht beherrschen kann, schleudert der Ombo mit aller Kraft ein Wort.

„Sprich!"

Die Augen verändern sich nicht, aber die Schatten bewegen sich und tanzen über das Gesicht, denn der Verwalter bewegt die Lampe mit einer drohenden Geste.

„Sinnlos, ihm zu sagen, er soll sprechen. Ich habe es einen Tag und eine Nacht lang versucht, aber man hat mir befohlen, ihn unversehrt herzubringen. Jetzt will ich etwas anderes versuchen. Höllenschlund, ich werde ihn zum Reden bringen."

Der Ombo leckt sich erneut die Lippen. Diesmal zucken sie nervös, aber er ermahnt den Verwalter zum Schweigen.

„Sprich und sag, wer du bist, du, der du dich Aluk Shiang Cheung nennst. Sag uns, wer du bist und zu welcher Familie du gehörst, und wir werden dich unversehrt zu dieser Familie zurückbringen. Aber sprich! Sonst lassen wir dir keine Zunge übrig, mit der du jemals wieder sprechen kannst."

Die Stimme des Ombo ist heiser vor seltsamer Erregung, und seine Hand, die auf dem Arm des Verwalters ruht, zittert, so dass die Schatten an den Wänden und der Decke der Zelle auf fantastische Weise tanzen.

„Sprich!"

Seine Stimme erhebt sich fast zu einem Schrei, denn gegen alle Vernunft und den Beweis seiner eigenen Ohren ist er versucht zu glauben, dass er keinen Laut von sich gegeben hat, denn kein Wort scheint den Gefangenen an diesem fernen Ort zu erreichen, an dem er Zuflucht gesucht hat.

„Ich werde ihn zum Sprechen bringen. Lasst mich ..."

Der Verwalter stellt seine Lampe auf den Boden und bricht mitten im Satz ab, während er sich dem Ombo zuwendet und um ein Zeichen bittet.

Es kommt, und eine eilige Frage.

„Müssen wir jemanden herbeirufen?"

„Wir sind zwei und er ist bereits gefesselt."

Ob gefesselt oder nicht, der Gefangene macht keine Anstalten, etwas zu verstehen oder sich zu wehren, und sie fesseln ihn mit dem Gesicht nach unten auf den Boden; die Arme sind weit ausgebreitet und die Handgelenke an Ringe in den Planken verzurrt; die gefesselten Füße sind auf dieselbe Weise nach unten gebunden. Der Ombo tut seinen Teil mit nervös zitternden Händen und räuspert sich immer wieder, aber der Verwalter knüpft die Knoten mit festen und wilden Händen. Dann streicht er den gelben Mantel des Gefangenen nach unten und fährt mit der Hand die Vertiefung im Fleisch entlang des Rückgrats auf und ab.

„Ja, Aluk Shiang Cheung, dein Platz ist bereit, und wir werden dich so sprechen lassen, wie ein Lama sprechen sollte, wenn er seinen Platz einnimmt. Du bist jetzt kalt. Wir werden dir bald Hitze geben. Aber vielleicht möchtest du lieber reden, bevor ich anfange, du wildentschlossener Kerl, der es wagt, sich Aluk Shiang Cheung zu nennen."

Eigentlich erwartet der Verwalter keine Antwort und macht ohne Pause weiter mit dem, was er zu tun gedenkt. Von dort, wo er es beim Betreten der Zelle abgelegt hatte, nimmt er ein Bündel feinen chinesischen Weihrauchs, der etwa zwei Finger breit und einen Fuß lang ist, und hält ein Ende in die Flamme der Lampe, bis jede Spitze rot glüht. Die Flamme der Lampe wird durch das Räucherwerk gebogen und geschwärzt, und kleine Rauchschwaden wirbeln nach oben. So jagen Schatten und Andeutungen eines wütenden roten Scheins über das Gesicht des Gefangenen, der nur etwa einen Fuß von der Lampe entfernt auf dem Boden ruht. Diese Schatten und das zornige Schimmern spiegeln sich in den Augen wider, aber ansonsten ändert sich sein Gesichtsausdruck auch dann nicht, als das Räucherwerk angehoben wird und die gelbe Flamme wieder hell brennt.

„Sprich!"

Die Worte des Verwalters kommen durch zusammengebissene Zähne. Auch der Ombo zieht mit einem saugenden Geräusch den Atem ein, als wären seine Mundwinkel feucht. Das Bündel wird in die lange Kuhle im Fleisch gelegt, das rote Ende genau zwischen die Schulterblätter.

Es herrscht Stille in dem kleinen Raum. Der Körper des Gefangenen ruht wie zuvor; Arme und Füße am Boden festgeschnallt, das Gesicht leicht zur Seite gedreht und auf die Bretter gestützt, die Augen auf die Flamme der Lampe fixiert. Nicht ein Wimpernschlag signalisiert, wann die Augenblicke anfangen, zum Peitschenhieb des Schmerzes zu wirbeln beginnen – stattdessen verändern sich die Augen. Die durch die Dunkelheit bereits geweiteten Pupillen öffnen sich bis zum Rand der irisschwarzen Öffnungen, in denen sich das Licht der Kerze spiegelt und dann verliert. Der Verwalter, der sie mit geübtem, neugierigem Blick beobachtet, hält seine Hand über dem Rücken des Gefangenen, um das dort liegende Bruchstück der Hölle aufzuheben, und wiederholt das Wort,

„Sprich!"

Die Augenblicke wirbeln weiter: ganze Lebenszeiten in einem Atemzug und doch so schnell wie der Lauf des Lichts. Ein schwacher, bitterer Geruch zieht durch den Raum und sticht dem Verwalter in die Nase wie eine Erinnerung aus einer halb vergessenen Vergangenheit. Einen Augenblick lang kann er das Brüllen eines großen Feuers hören und die Rauchschwaden sehen, die aus dem Feuer aufsteigen, als der Körper des Gurdu Lama verbrannt wurde und die Stammesangehörigen der Großen Ebene diesem Brand zusahen.

Sein Blick ist mehr als nur neugierig, wie er in die weit aufgerissenen Augen des Gefangenen blickt, und mit einer Vorwegnahme, die so scharf ist wie der Schmerz, wartet er darauf, dass jener spricht, denn er hat wieder begonnen, jene Furcht zu kennen, wie er sie am Eingang der Drag-Kar-Höhle kannte.

„Om mani padme hum!", keucht der Ombo. „Er ist kein Mensch – der Lama weiß es – kein Mensch. Er ist ..."

Er schluckt den Rest, während er zischend einatmet, und weicht vor dem Gesicht vor ihm zurück. Das Gesicht des Verwalters verfinstert sich mehr denn je durch den Schatten der wiederauferstandenen Befürchtung. Doch vielleicht hat das starke rote Glühen auf dem Rücken desjenigen, der sich so vollständig in seiner Macht befindet, aufgehört zu brennen? Vielleicht hat die Magie es zum Erlöschen gebracht? Wenn dem so ist, ist alles erklärt. Er verlagert seine Position, um nachzusehen und sich so vielleicht selbst zu beruhigen, aber stattdessen starrt er wie verhext auf eine rote Kohle in der schwärzesten Vertiefung des Schattens, der den Rücken des Gefangenen verdeckt: ein feuriger, gezackter Fleck, der sich weder bewegt noch ganz stillsteht. Mit einem plötzlichen Empfinden von Vergeblichkeit erkennt er, dass der Gefangene, so gefesselt er auch sein mag, doch nicht ganz seiner Macht unterworfen sein wird ... vielleicht wird er wirklich nie ganz seiner Macht ausgeliefert sein? Zumindest weiß er, dass der Gefangene niemals sprechen wird, auch wenn sich die rote Kohle bis zum Ende langsam durch die Schatten bewegen würde.

Das Räucherwerk brennt weiter, und der leicht bittere Geruch dringt immer stärker in die Nasen der Beobachtenden.

„Kein Mensch – kein Mensch – vielleicht ist er ..."

Der Ombo hat sich mit dem Rücken zur Wand hingestellt und brabbelt wild in halbfertigen Sätzen. Dann bewegt der Verwalter seinen

Arm, hebt das halb verbrannte Räucherstäbchen auf und sagt mit grimmiger, kalter Stimme:

„Kein Zweck, dass wir warten, bis es zu Ende brennt. Er wird nicht sprechen."

Doch bevor er die Lampe in die Hand nimmt, beugt er sich vor, um das Gesicht des Mannes auf dem Boden zu betrachten. Seiner winkenden Hand gehorchend, entfernt sich der Ombo von der Wand, um sich ihm anzuschließen, und gemeinsam starren sie auf ein Gesicht, das immer noch von unwiderstehlicher Schönheit ist. In diesem Gesicht blicken zwei Augen – so schwarz, wie es keine gewöhnlichen Augen je sein können, denn die Pupillen verbergen die gesamte Iris – auf sie zurück. Die einst zugezogenen Vorhänge sind weit geöffnet. Der Mund, die Augenbrauen, das ganze Gesicht ist von einem Gefühl erfüllt, das wie ein lebendiges Wesen vibriert und wie ein wildes Tier durch die Augen springt, und der Ombo und der Verwalter wissen, dass sie jetzt gehasst werden, wie sie noch nie zuvor gehasst wurden. Widerwillig spricht der Verwalter.

„Sieht aus wie ein Lama. Bei der Gegenwart, das tut er wirklich."

Es ist wahr. Alle anderen Details verlieren sich in den Schatten. Nur das Gesicht – ein Gesicht wie das des Buddha auf den Bilderrollen – schwimmt im Licht und die zwei langen, stark gelappten Ohren eines echten Lamas vervollständigen die Ähnlichkeit.

„Was für Ohren! Aber wir werden ihn schon das Hören lehren, auch wenn wir ihn jetzt nicht zum Sprechen bringen können."

Der Verwalter ist wieder gefasst und berechnend. Irgendwie kann er aus diesem ausdauernden Schweigen dem einem Lama ähnelnden Wesen eine Falle bereiten. Es macht für ihn keinen Unterschied mehr, ob der Gefangene der Lama ist oder nicht. Sterben muss er in jedem Fall.

„Auch wenn es Lama-Ohren sein mögen, er wird hören und sterben müssen."

Diese Worte stacheln den Ombo zu einer plötzlichen, unerwarteten Handlung an. Diese Ohren bedrohen ihn und seine Stellung mehr als alles andere. Derjenige, der nicht sprechen wird, trägt den sichtbaren Anspruch auf alles, was er nicht sagt … auf beiden Seiten seines Gesichts. Lama-Ohren! In dem unsicheren Licht ist da ein Aufblitzen eine Klinge, und wo ein Ohr war, befindet sich ein seltsames, unregelmäßiges Muster in Rot. Bevor der Verwalter eingreifen kann, – selbst wenn er es wollte –, blitzt das Messer erneut auf. Die Augen verändern sich nicht, obwohl sie jetzt aus einer seltsamen Verstümmelung heraus starren, und das Gesicht ist wie von einem roten Schal umrahmt, der in einem seltsamen unregelmäßigen Muster gewickelt ist und in einer dunklen Lache auf dem Boden endet. Das Gesicht ist nicht mehr das Gesicht desjenigen, der der Gurdu Lama sein könnte. Seine einstige Schönheit ist eine groteske Verhöhnung, aber die Augen blinzeln immer noch nicht, und unter diesem seltsamen Blick hat es der Verwalter eilig, zu gehen. Er fummelt mit den Händen hinter dem Rücken am Türschloss herum; er ist seltsam unwillig, dem Gefangenen den Rücken zuzuwenden, sondern hält das Licht dazwischen und wendet sein Gesicht dem am Boden Liegenden zu.

„Der Ohrlose – der Ohrlose."

Der Verwalter murmelt die Worte, als wären es die Worte einer Beschwörung, und spricht ernsthaft zu dem Ombo. Doch der Ombo schüttelt sich plötzlich, als er ein Ohr – lang, mit einem vollen Läppchen – in seiner linken Hand fest umklammert findet.

Der Lama-Gleiche war einst mit Stille bewaffnet, aber für den Ohrlosen ist diese Stille vielleicht eine Waffe, die gegen ihn gewendet werden kann. Der Verwalter hat bereits begonnen, diese Gegenwaffe zu schmieden, als er und der zitternde Ombo die Zelle verlassen.

X

Der Ombo bringt seine lange Rede zu Ende. Er hat Aluk Shiang Cheung mit Anklagen und Verdammung überhäuft und Argumente über Beweise aufeinandergeschichtet, um zu zeigen, dass er für die Verbrechen des Sakrilegs und der Respektlosigkeit nur den Tod verdient hat. Am Ende wendet sich der Ombo von der großen Versammlung im Hof und auf den Emporen des Großen Hauses von Gurdu ab und richtet einen kurzen Satz an den Angeklagten. Doch während er spricht, ist er sich sicher, dass der Gefangene nicht antworten wird. Er spricht die Worte trotzdem, denn sie sind Teil der Falle, die aus dem Schweigen gemacht werden soll.

„Gurdu Lama – ja oder nein. Sprich!"

Der Hof ist angefüllt mit Häuptlingen und Anführern der zwölf Stämme der Großen Südlichen Ebene, der fünf Stämme der oberen Tebbu, der Stämme der Thsa-ru-ma-Konföderation sowie der Anführer des Ngawa-Fürstentums mit ihrem jungen König an der Spitze. In Reih und Glied füllen sie den Hof aus und fließen auf die Veranden über, die die Szene überblicken.

Nur die Männer von Rzachdumba fehlen, zumindest offiziell.

Weder deren Häuptling noch die Vorsteher sind auf ihren Plätzen. Niemand ist sich über Rzachdumba sicher. In derselben Nacht, in der Aluk Shiang Cheung nach Lhamo gebracht wurde, schlugen die Nachtreiter von Ah Ta dem Kühnen in allen Lagern seines Stammes Alarm.

Doch das Signal, auf das sie warten sollten, um die Nachricht vom Tod des Gefangenen zu erhalten, kam nicht. Nicht alle Mitglieder der Menge, die sich in den dunklen Türöffnungen und Ecken der Veranden rund um den Hof drängt, sind leicht zu identifizieren, und einige flüstern einander zu, dass auch Männer von Rzachdumba anwesend sind, obwohl niemand genau sagen kann, wo genau sie sind.

Es wird auch gemunkelt, dass sich die Truppen des Stammes hinter dem ersten Bergrücken versammelt haben, der die Schwelle zu Tahk Thzang Lhamo – der Göttin der Tigerhöhle – bildet. Aber auch das ist ein unbestätigtes Gerücht, und niemand rechnet wirklich mit einem

Angriff. Dennoch könnte er kommen. So viel Ungewissheit schwebt zumindest über der Versammlung.

Solche Gerüchte bedeuten den über siebenhundert Männern, die sich versammelt haben, um ein Urteil über Aluk Shiang Cheung zu fällen, wenig.

Sie stellen die größte Ansammlung von Macht und militärischer Stärke in ganz Amdo dar, und was auch immer Ah Ta der Kühne an Gesten zeigen mag, zählt bei ihnen nur wenig. Sie sind gekommen, um mit eigenen Augen zu sehen, wie der Hochstapler sterben soll. Es steht bereits fest, dass er ein Hochstapler ist und dass er sterben muss. Sie sind nicht zusammengekommen, um ein Urteil zu fällen, sondern um eine Strafe zu verhängen.

Doch eine Frage geht vielen nicht aus dem Kopf: dieselbe Frage, die in den letzten Monaten von denen geflüstert wurde, die in Tahk Thzang Lhamo leben oder auf Handelsreisen oder Streifzügen hier vorbeikommen. Warum ist der Prätendent – Aluk Shiang Cheung – noch am Leben? Warum wurde er nicht in der ersten Nacht nach seiner Ankunft getötet? Und wie kommt es, dass er nach der Folter und dem Verlust seiner Ohren in den fünfzehn Tagen, die es gedauert hat, die Honoratioren von Amdo zu versammeln, nicht einfach gestorben ist? Mit einer kleinen Unachtsamkeit – einer leichten Vergesslichkeit in Bezug auf das Essen oder das Losbinden vom Boden, damit er seinen Mantel über sich ziehen konnte – hätte alles so einfach sein können. Doch er ist am Leben. Angekettet an den Pfosten in der Mitte des Hofes, aber frei zu sitzen oder zu stehen, und trotz seiner Fesseln sitzt er so, wie ein Lama sitzen sollte: wie der Erleuchtete im Reich der Glückseligkeit sitzt – wie der Goldene einst im Sonnenlicht am Eingang einer Höhle saß.

Jetzt sitzt er in einem Sonnenlicht, das ihn keineswegs mit Glorie vergoldet, damit sein Kleid oder seine Haltung glänzen, sondern das mit erbarmungsloser Klarheit Fetzen, Flecken, Schmutz und Verunstaltungen offenbart. Das gelbe Gewand ist nichts weiter als ein mit Blutflecken und Schmutz besudelter Lappen. Sein Gesicht ist mit den Spuren von fünfundzwanzig Tagen und Nächten in enger Gefangenschaft ohne Waschen übersät, und ein Streifen schmutzigen Tuchs ist seitlich über seinen Kopf und unter sein Kinn gebunden. Dieser grobe Verband ist steif von getrocknetem Blut und gelb von Eiterflecken, sein

Vorhandensein hat die Konturen des Kopfes verändert und lässt ihn deformiert und verdreht erscheinen.

Und obwohl der missgestaltete Kopf hochgehalten wird, sind die Schultern des Gefangenen gekrümmt, als ob er versuchen würde, das Gewicht seines Mantels von seinem Rücken abzuwerfen.

Gegen die Sonne sind seine Augenlider halb geschlossen, denn selbst die Länge der Rede des Ombo hat den Augen nicht genug Zeit gegeben, sich nach der Dunkelheit einer monatelangen Nacht an den Tag zu gewöhnen. Sie erscheinen noch immer ungewöhnlich dunkel, während sie stetig umherschweifen, um den Teil der Menge erfassen, der sich vor ihm gruppiert hat – denn die Pupillen sind übergroß, und niemand kann sagen, welche Farbe die Augen einmal gehabt haben mögen.

Mit dem plötzlichen Ende der Rede des Ombo und dem scharfen Befehl zu sprechen, wendet der Gefangene den Kopf, um mit diesem festen, suchenden Blick nach und nach die ganze Menge zu erfassen, denn direkt hinter dem Pfosten, an den er gekettet ist, befindet sich nur eine leere Wand. Sucht er nach einem Gesicht oder nach einem Anzeichen? Sein Blick verweilt sekundenlang erst da, dann dort, aber der Gesichtsausdruck ändert sich nicht. Bevor er überhaupt hinsah, muss er gewusst haben, dass alle, die sich dort versammelt haben, Feinde sind.

Die Ombos und der Verwalter beraten sich untereinander, und seine Todfeinde bereiten sich auf die Vernichtung vor. Der Heilige Widder starrt mit gealterten Augen, die jedoch nicht zu alt sind, um Hass zu zeigen und ihm den Tod zu wünschen. In dem Bereich, in dem die Tebbus sitzen, scheint ein tiefes, mürrisches Gemurmel zu erklingen. Sie sind diejenigen, die in der Nacht zuvor das Tor des Großen Hauses der Gurdu umstellt hatten und verlangten, dass der Hochstapler herausgebracht und ihnen ausgeliefert wird, damit sie ihn in Stücke schneiden und so die Beleidigung des Gurdu Lama – ihres einzigen Erlösers – rächen können.

Streng und unergründlich runzelt der Häuptling der Sohk-tsong die Stirn, aber einer seiner Männer, der neben ihm sitzt, bewegt sich unruhig auf seinem Platz, während die Augen des Gefangenen langsam über ihn hinweggehen. Auch der Häuptling von Thsa-ru-ma murmelt tief in seiner Kehle Verwünschungen und hält seine Hand auf dem Griff seines Schwertes. Einige in seinem Gefolge beobachten ihn, als warteten sie auf ein Signal, und es wird gemunkelt, dass die Männer von Thsa-ru-ma beabsichtigen, die Sache durch eine plötzliche gewaltsame Aktion selbst in die Hand zu nehmen. Von den bedeutenden Persönlichkeiten erscheint nur der junge König von Ngawa wie ein losgelöster Zuschauer, der das Geschehen mit nachdenklichen, leicht fragenden Augen beobachtet, denen nichts entgeht.

Daneben stehen die Männer von Ka-chu-ka, Schami und einem halben Dutzend anderer Orte dicht gedrängt in Reih und Glied und starren in fast einhelliger Feindschaft auf den, der an den Pfosten gekettet ist. Aber es gibt auch diejenigen, die einfach nur neugierig sind, die darauf warten, dass irgendetwas passiert, die aber keinen Wunsch in die eine oder die andere Richtung haben. Und vielleicht gibt es andere – ein oder zwei hier und da –, die auf einen Aufschub für den bereits Verurteilten hoffen: auf einen plötzlichen Gnadenfall, der die Strafe abwendet. Doch dieser Gedanke ist wie der vergebliche Wunsch auf dem Grab einer bereits toten Hoffnung.

Von den Gesichtern, die nur ein einziges Gefühl zeigen oder widerspiegeln, oder die zumindest keine Ermutigung geben, heben sich die Augen des Gefangenen, um die grauen Dächer des Großen Hauses zu betrachten, von denen einige Teile vor Alter und Verfall trunken zu sein scheinen. Über den Dächern liegt ein Himmel, der durch die drohenden Wolken, die sich in der Ferne zusammenballen, doppelt so blau ist. Und in diesem blauen Himmel scheint der höchste Gipfel, der des Eisernen Berggottes, über die grauen Dächer zu spähen, um zu sehen, was vor sich geht. So schaut der Angekettete, um zu sehen, was Himmel und Berg ihm nach fünfundzwanzig Tagen der Dunkelheit zu sagen haben.

Seine Augen haben sich in der Zeit, in der er nach dem Ausschau hält, was er in der Menge oder am Himmel erwartet oder zu finden hofft, verändert.

Sicherlich sind sie heller geworden, und für einige der Zuschauer ruft schon diese einfache Tatsache Geister herbei. Vielleicht sieht auch der Verwalter diese Augen zum ersten Mal wirklich, da sie langsam an ihm vorbeiziehen – mit einem Blick, der so seltsam ist, wie die Dinge, die er einmal kannte. Es ist an der Zeit, einen Schlussstrich zu ziehen. Jedenfalls rühren sich die Tebbus und vielleicht denkt der Thsa-ru-ma-

Häuptling schon, dass die Zeit des Wartens zu lang ist. Der Ellbogen des Verwalters berührt den des Ombo und bei der Berührung spricht der Ombo ein scharfes Wort.

„Sprich!"

Doch er ist sich ganz sicher: Der Angekettete wird nicht sprechen.

Auf dieses Wort hin, als würde er auf ein Signal antworten, aber doch keinen Befehl befolgen, spricht Aluk Shiang Cheung, ohne einen Moment innezuhalten, ohne das kaum hörbare Zögern, das hilft, die Kehle frei zu räuspern. Der tiefe, klare Ton seiner Stimme dringt bis in die hinterste Ecke des Hofes vor.

XI

„Wer sagt, dass ich, Aluk Shiang Cheung, der im Land der Schwarzen Zelte lebt und Schwiegersohn von Rgyal-wo Wang ist, Aluk Shiang Cheung der Gurdu Lama bin? Könnte es nicht zwei Shiang Cheungs – ob nun Aluk oder sonst was – geben? Ihr könnt leicht herausfinden, wer ich bin. Fragt die Familie von Wan-dro im Ong-kor-Lager des Golok-Stammes von Gsar-ta – jenes Gsar-ta, das von allen Golok-Stämmen am weitesten entfernt ist. Auch wenn sie weit weg wohnen, fragt sie nach dem Namen ihres dritten Sohnes. Sie können die Geschichte seines Lebens bis zu seinem zwanzigsten Lebensjahr erzählen." Der Schweigsame hat gesprochen.

Diese erstaunliche Tatsache selbst verliert jedoch jede Bedeutung im Vergleich zu dem, was er gesagt hat. Was immer man sonst noch verstehen kann, jedenfalls hat er gesagt, dass er nicht der Gurdu Lama ist.

Was zu sagen ihn Schläge, Drohungen und Folter nicht zu zwingen vermochten, hat er jetzt gesagt. Der Prozess ist beendet. Oder hat er erst gerade begonnen? Mit einer kleinen Pause, wie um Luft zu holen, oder um die Glocke der Verwunderung in den Köpfen der Anwesenden nachklingen zu lassen, fährt er fort. Doch während er weiter spricht, verändern sich seine Stimme und seine Worte auf subtile Weise.

„Vor sechsundzwanzig Jahren ging ich auf eine Pilgerreise. Vor sechsundzwanzig Jahren, als der Herbst begonnen hatte und Schnee in der Luft lag; vor sechsundzwanzig Jahren, als ich im Alter von neunzehn Jahren gerade begann, ein Mann zu sein; vor sechsundzwanzig Jahren, als eine große Not und eine große Gefahr mich hinaussandte auf eine Pilgerreise nach Lhasa, dem Ort der Götter."

Sechsundzwanzig Jahre! Bei jeder Wiederholung dieser Worte rechneten die Männer der Menge, vom Ngawa-König bis hinunter zum einfachsten Zuschauer, der sich in den dunklen Ecken der Veranden versteckt hatte, im Geiste nach oder klickten sogar mit den Perlen ihrer Rosenkränze, um sich beim Rechnen zu helfen, denn es war vor sechsundzwanzig Jahren, als der Gurdu Lama aus dem Gurdu-Lager verschwand und an einem Morgen, an dem der Herbst begann und Schnee in der Luft lag, zum Flussufer ritt. Ja, es war vor sechsundzwanzig Jahren, als der Gurdu Lama geheiligten Angedenkens, im Alter von neunzehn Jahren gerade begann, ein Mann zu werden.

Seine Sprechweise verändert sich mit dem nächsten Satz, den er mit den übertriebenen Konsonanten und den langgezogenen Vokalen spricht, die für den unverwechselbaren und berühmten Dialekt von Ngura charakteristisch sind. Er könnte leicht ein Tapferer von den Ngura sein, der spricht, während er die Geschichte fortsetzt.

„Im Land von Ngura begann ich meine Pilgerreise. Im Land Ngura, wo die große Grasebene an Chiao-ko War-ma grenzt, genau über dem großen Strudel des Pfauenwassers, genau dort, wo die Zelte des Stammes aufgeschlagen werden, wenn die herbstliche Heuernte beendet ist – dort im Land Ngura begann ich meine lange Reise. Dort machte ich mich ohne Pferd und zu Fuß als Bettelpilger auf, um mein Gelübde zu erfüllen. Die Männer von Ngura sind aber, obwohl sie den Männern der Zwölf Stämme diesseits der Pfauengewässer feindlich gesinnt sind, ein großzügiges Volk, und sie waren glücklich, einem armen Pilger auf dem langen Weg nach Lhasa, dem Ort der Götter, zu helfen."

Die beiden Ombos, der Verwalter von Gurdu, die widerspenstig drohenden Tebbus, selbst der Heilige Widder, der nur selten auch nur irgendeine Idee hat – sie alle haben nur einen Gedanken, so klar, als ob er von allen im Chor gesungen worden wäre: Ngura – das feindliche Land von Ngura – war das gegenüberliegende Ufer des Ortes, an dem das Pferd des Gurdu Lama den Fluss betreten hatte. In Ngura begann dann auch die Pilgerschaft.

Wieder hält der Gefangene inne und lässt seinen Blick nachdenklich über die Menge schweifen. Jede Veränderung der Sitzhaltung, jede Art von Bewegung hat aufgehört.

Sie denken noch an Ngura, aber die nächsten Worte seiner Rede sind nicht länger in diesem Dialekt. So vollständig, wie man von einer Kleidung der einen zu dem einer anderen Farbe wechselt, so werden seine Worte nun so gesprochen, wie die Goloks sie sprechen würden. Die Unterschiede zwischen den Vokalen sind übertrieben und unaussprechliche Vorsilben werden mitgesprochen, so wie er vom Leben in den Schwarzen Nestern in der Sprache der Schwarz-Nestler erzählt.

„Aber für einen Bettler mit einem Knappsack auf dem Rücken ist der Pilgerweg nach Lhasa lang, und so ist es gut, dass die Golok-Stämme entlang eines Teils des Weges kampieren – Archong, Gon-mong,

Bu-wha-thsang, Lu-di-thsang, Kangghan, Kang-gsar, Gsar-ta – alles Stämme der Völker der Schwarzen Nester. Bei jedem dieser Stämme kann ein Pilger ausruhen, auf Gefährten warten, Kraft und Vorräte sammeln oder einfach warten, bis die heiligen Horoskope anzeigen, dass der Weg frei von bösen Einflüssen ist. Es ist, o ihr Menschen der Großen Südlichen Ebene, das Land der Berge und der tiefen Täler und des ewig währenden Schneehauses von Amne Machen, dem großen Schneegipfel. Es ist das Land der wilden Yaks und der großen Wildschafe, das Land der Gletscher, die sich die Talschlüsse herabwälzen, und des ewigen Schnees, der die Pässe versperrt. Und doch kann dort ein Pilger monatelang unter den Rundköpfen leben, dem Volk der Schwarzen Nester, das nur Fleisch isst und Blut von lebendem Vieh trinkt.

Jenseits des Landes der Goloks erstreckt sich die hohe, leere Ebene der Wildnis – leer von menschlichem Leben oder dem Anblick von Vieh oder Herden – gegen eine weiße Schneewand vor dem fernen blauen Himmel. Man marschiert ... die Beine werden schwach und der Appetit versagt. Die Füße schwellen an, denn die Giftgaskrankheit des Dang La-Passes hat zugeschlagen. Doch wie krank man auch sein mag, die Welt ist leer – bis auf das Gebet „Om mani padme hum!", das in jeden Felsen und jede Klippe gemeißelt ist; leer bis auf die Fußabdrücke derer, die vor uns gegangen sind, und die Knochen derer, die auf ihrem Weg zusammengebrochen sind. Dort mussten mich meine Kameraden zum Sterben zurücklassen. Aber ich starb nicht, ich konnte nicht sterben, denn ich musste an den heiligen Ort Lhasa und zur Begegnung mit meiner Bestimmung gelangen."

Zu diesem Zeitpunkt sind die Aufmerksamkeit, ja sogar die Sympathie der großen Menschenmenge voll und ganz auf der Seite des Sprechers. Auch sie gehen Schritt für Schritt mit, auf den Ort der Götter zu, getragen von den Worten eines wilden Goloks, – die ungeschnittenen Haare hängen ihm bis zu den Schultern –, der allen den Weg weist: ein wilder Golok, der durch den rauen Klang unmöglicher Konsonantenkombinationen und übertriebener Vokale im Mund des Gefangenen ins Leben gerufen wurde. Abrupt wechselt er wieder in den seltsamsten Dialekt, den die Stammesangehörigen der Großen Ebene je gehört haben: in den abgehackten Singsang der Bodpa und der Menschen von Lhasa selbst.

„Von Nagchuka an war ich im Land der Bodpa: das Land der Dörfer, Felder und der Tausenden von Bettelpilgern. Es gab wahrhaft wenig zu essen, als wir langsam in Richtung Lhasa weiterwanderten. Die Bodpa denken nur an Handel, aber wir waren bloß arme Pilger, die aus dem frommen Wunsch nach Verdienst den Potala sehen wollten und eine Chance suchten, an den Schreinen des heiligen Ortes zu beten. Aber nach tagelangem Umherwandern, vorbei an den verschlossenen Türen und der verschlagenen Verachtung der Bodpa, kamen wir nach Lhasa ... und ich zu meiner Bestimmung – der Bestimmung, die mir das Geschenk der Heiligen Magie angedeihen ließ und zum Träger der Gelben Kappe gemacht hat."

Er ist ein in Lumpen und Schmutz gekleideter Gefangener, angekettet und hilflos. Anstelle einer Mütze trägt er eine stinkende Binde, die eine eiternde Verstümmelung verdeckt. Doch niemand in der Menge denkt an diesen Kontrast. Sie hören eine Geschichte, die sie für einen Moment ihre Vorurteile und Voreingenommenheit vergessen lässt. Die Geschichte wird nun in einer Sprache erzählt, die sie nur unvollkommen verstehen, doch die seltsamen Formulierungen machen das Erzählte nur noch faszinierender. Es ist die Geschichte eines Pilgermönchs, der nicht nur Lhasa erreichte, sondern weiter nach Shiga-tze ging, die Grenze nach Indien bei Dorjeling überquerte, Benares und Galicuta sah und weit wanderte. Doch seine Wanderschaft endete. Er zieht seine Zuhörer in eine Art Bann, wenn er von Szenen und Orten erzählt, aber das Wandern endet – zumindest für eine Zeit lang – wieder in Lhasa.

„Ich war ein armer Pilgermönch und als solcher fand mich meine Bestimmung, als ich in den Straßen von Lhasa von Tür zu Tür bettelte. Ich wurde als Teebursche in einem Lamakloster aufgenommen und sollte dort Tee ausschenken. Anstatt Tee auszuschenken, lernte ich, alle Heiligen Schriften zu rezitieren. Dort lernte ich die Geheimnisse der Lehre: die Vollkommenheit des Achtfachen Weges.

Dort lernte ich die Höhere Weisheit und die Überwindung der Unwissenheit. Und wie ich die Lehre lernte, so lernte ich auch die Geheimnisse der Meditation und die Heilige Magie. Nach und nach kam Macht zu mir, bis die Ketten der Materie mich nicht mehr fesseln konnten. So kam ich dazu, in der Luft zu sitzen und keine Stütze zu brauchen, wenn ich vollständig meditierte.

Dort überwand ich Entfernung und lernte, Dinge zu sehen, die so weit entfernt waren wie ein zehntägiger Ritt zu Pferd, weil ich auf einem Geisterpferd durch die Luft dorthin reiten konnte. Dort lernte ich zu meditieren und meinen Atem anzuhalten, bis sich meine Seele nach innen wandte und ich erleuchtet wurde.

In dieser Erleuchtung, die mir zuteil wurde, wurde mir offenbart, dass ich ein Lama war. So wurden auch die Leiter des Lamaklosters erleuchtet, und alle wussten, dass ich ein Lama war. Das ist alles, was zu mir kam, als meine Bestimmung mich im Sera-Lamakloster von Lhasa fand."

Wieder hält der Gefangene inne und lässt seinen Blick über die Menge schweifen.

Sieht er eine leichte Bewegung um den Sohk-tsong-Häuptling, als ob ein Windstoß, den niemand sonst spürt, ihre Köpfe mit einem leisen Flüstern, wie das Rascheln von Blättern, in Bewegung gesetzt hätte? Der Name des Sera-Lamaklosters wehte in jener sternenlosen Nacht als Teil einer Geschichte, die der Wind geboren hatte. Wie weht er jetzt?

Weit weg in einer anderen Ecke des Hofes wirft ein anderer – ein Mönch in zerschlissenem Gewand – mit einer schnellen Bewegung seinen Mantel über den Kopf, um sein Gesicht zu verbergen, denn er war einst ein Pilger in Lhasa gewesen und hatte das Sera-Lamakloster besucht. Vielleicht sieht der Gefangene diese Bewegung, vielleicht auch nicht. Aber mehr als je zuvor verrät sein Gesicht nichts, und seine Augen haben aufgehört, Fragen zu stellen. Er schaut nur, um zu sehen, was es als nächstes zu erzählen gibt, und nachdem er es gesehen hat, fährt er mit seiner Erzählung fort.

„Ich war ein Lama, aber niemand wusste, was für ein Lama, also machte ich mich auf, um es herauszufinden. Ich ging zum Nam Mtso, dem Heiligen See, und lebte auf der Insel, die wie ein Floß schwimmt. Dort lernte ich das Rätsel der Zukunft, denn in der Weisheit dieser Erleuchtung gibt es keine Zeitunterschiede. Ich konnte die Zukunft klar und ohne Verwirrung lesen.

Aber ich konnte nicht herausfinden, welcher Lama ich war. Dann ging ich in die Schluchten des Tsang-po, wo es von Schlangengeistern wimmelt, und lebte dort in Abgeschiedenheit, um die Ursache und den Ursprung von Krankheiten und damit ihre Heilung zu erfahren.

Aber ich konnte nicht herausfinden, welcher Lama ich war. Dann lebte ich in einer Höhle auf den höchsten Bergen, in der Nähe von Kangchen-junga; ich lebte in einer Höhle oberhalb der Schneegrenze wie Milaraspa, der Sänger der Hunderttausend Lieder. Und wie er trug ich nur Baumwollgewänder, aber die Hitze des Tumo erfüllte meinen Körper, so dass der Schnee in einem Kreis von einen Klafter um mich geschmolzen war. Aber ich konnte nicht herausfinden, welcher Lama ich war.

Bewaffnet mit Kraft verließ ich den Ort der Götter und all jene weiter entfernten Orte, an denen die Weisheit in jenen vervollkommnet wird, die die Unwissenheit überwinden und in rechter Weise meditieren und kehrte in das Land Amdo zurück.

Ich verließ die Bodpas in ihren Festungen und Dörfern. Ich verließ den Potala, in dem der große heilige Lama sitzt – mit Ehrfurcht – und kehrte zu den Schwarzen Zelten zurück, denn ich war ein Lama und wollte wissen, was für ein Lama ich war."

Wie die Rufe, die durch die Nacht kommen, Rufe, die durch Wind und stürmischen Regen verwischt werden, wurde der letzte Teil seiner Geschichte in einer Sprache erzählt, die schwer zu verstehen ist. Plötzlich, wie etwas, das in einer stillen Nacht von jemandem geflüstert wird, der am selben Feuer sitzt, ist seine Sprache wieder klar; leicht verwischt durch die Nettigkeiten der Aussprache von Labrang, aber auch mit den Tricks und Manierismen der Sprache der Zwölf Stämme der südlichen Ebene.

„Ich bin ein Lama, und dafür hat man mir die Ohren abgeschnitten. Fragt, ob es nicht die Ohren eines Lama waren. Und nun, da sie genommen wurden, nehmt auch den Rest: meine Lippen, meine Nase, meine Augen, meine Hände, meine Füße und was sonst noch übrig ist. Doch wenn alles genommen ist, werde ich immer noch ein Lama sein, der zu wissen sucht, was für ein Lama er ist. In jeder Reinkarnation werde ich kommen, immer noch auf der Suche nach dem Wissen. Sagt mir, ihr, die ihr hier versammelt seid, welcher Lama bin ich? Meine Worte sind zu Ende."

Inmitten all des Durcheinanders von verdutztem Hass und echter Verwirrung triumphiert diese eine Frage in den Gedanken der Menschen. Sogar die mürrischen Tebbus schweigen in der Stille des Sprechers. Auch sie würden gerne wissen, welcher Lama er ist. Seine

Freunde – oder die Bekehrten – murmeln die Antwort bereits ihren Nachbarn zu, aber einen Monat lang kann es keine endgültige Antwort geben, jetzt ist nur noch ein langes Gemurmel in der Menge zu hören – das Lispeln des Windes.

„Der Lama weiß – nur der Lama weiß."

Es wird einen Monat dauern, bis Boten auf schnellen Pferden die Hin- und Rückreise zum und vom Ong-Kor-Lager bei den Gsar-ta Goloks geschafft haben. Mindestens einen Monat lang wird der Gefangene warten; auch seine Feinde werden warten, denn nichts kann getan werden, bis die Boten zurückkommen. Er aber scheint jetzt auf eine Antwort zu warten, die von irgendwo jenseits der im Hof versammelten Menge kommt, denn er blickt nur auf den Gipfel des Eisernen Berggottes, der in den blauen Himmel ragt.

Das grelle Licht der Sonne hat seine Wirkung getan. Seine Augen haben eine seltsam helle Farbe.

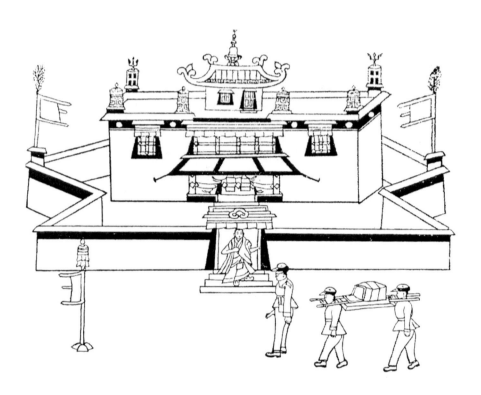

XII

Der Eiserne Berggott, hoch oben am Himmel, wo Nebelschwaden vom Gipfel herabziehen; die verwitterten Dächer und das schwankende Tor des Großen Hauses von Gurdu; die düsteren roten Mauern der großen Anlage, zusammen mit den Mönchen, die sich an jedem denkbaren Aussichtspunkt drängen; sie alle blicken auf den seltsamsten Anblick, der je in Tahk Thzang Lhamo zu sehen war. Der chinesische General Li Wen Whua, Verteidigungskommissar der Grenzregion, der sich auf einer Inspektionsreise dort befindet, wo noch nie ein chinesischer General gesehen wurde, gibt seinen Trägern ein Zeichen zum Anhalten, und seine leichte Bergsänfte kommt vor dem Tor des Großen Hauses von Gurdu zum Stehen.

Die Träger halten die Stangen auf halber Höhe, und der General schlüpft aus dem Tragestuhl. Sein Stab, sieben oder acht Offiziere und Adjutanten, steigen mühsam von ihren Pferden ab, ohne dass es eine einhellige oder sichere Vorliebe für die rechte oder linke Seite des Pferdes gibt. Die Leibwache von nicht mehr als einem Dutzend Fußsoldaten, die nicht gerade bemerkenswert und mit sehr minderwertigen Gewehren bewaffnet ist, steht „Achtung!", und die Bühne ist bereitet für einen etwas vertrockneten kleinen Mann, – grau und nicht sehr beeindruckend –, der trotz des schwarzen Umhangs, den er trägt, leicht zittert, wie der Wind vom Gipfel des Eisernen Berggottes mit vermehrter Schärfe zu fallen scheint.

Er starrt mit nachdenklicher, unverbindlicher Miene auf das Tor des Großen Hauses von Gurdu, – ein Tor, das halb geöffnet ist –, und in der Pforte starrt ein einsamer Mönch, in seinen Mantel gehüllt, mit einem seltsamen Ausdruck von Gleichgültigkeit zurück. Über dem Tor befindet sich eine Tafel mit vergoldeten Buchstaben, die verkündet, dass dies das „Haus des westlichen Friedens und des Vollkommenen Gesetzes" ist. Sie trägt das Siegel des Kaisers T'ung Chih, der vor über sechzig Jahren herrschte. Der Schriftzug ist etwas ramponiert und verwittert, aber daneben hängt eine noch ältere Inschrift, – eine über hundert Jahre alte Tafel –, die den „Lebenden Buddha der Zehntausend Vollkommenheiten" preist.

Die Kaiser der Vergangenheit drückten damit ihre Wertschätzung für das Große Haus von Gurdu aus. Der General liest die Inschriften mit einer seltsam pedantischen Miene, die immer harmloser und sogar sinnlos erscheint. Die Mönche, die sich versammelt haben, fangen an, verschlagen zu kichern.

„Vollkommenes Gesetz" und „Zehntausend Vollkommenheiten", so sprach die chinesische Herrschaft in der Vergangenheit vom Großen Haus von Gurdu. Plötzlich, scharf und ohne Vorrede, spricht der Stellvertreter der chinesischen Regierung von heute:

„Ich bin der oberste Stellvertreter der Regierung. Ich mache einen offiziellen Besuch. Sage den Herrschern, die in diesem Haus wohnen, sie sollen herauskommen und mich empfangen. Ich habe ihnen, meinen Untergebenen, Befehle zu erteilen."

Der Befehl wird ein zweites Mal auf Tibetisch wiederholt, als der Dolmetscher seinen Part übernimmt.

Ohne sich zu verbeugen oder ein Zeichen der Bestätigung zu geben, verschwindet der Mönch aus der Tür nach drinnen. Einen Moment lang spricht der General zu seinem Stab über die Kalligraphie des vergangenen Jahrhunderts und bespricht ihre Schönheit, dann verstummt er und zieht seinen Umhang enger um sich, während er wartet.

Die Schar der Mönche ist in einem bedeutungsvollen Ausmaß angewachsen, aber der General sieht sie nicht; er wartet nur.

Ein Krieg zwischen den Stämmen, der über die chinesische Grenze in Form von Gesetzlosigkeit und einer Reihe von Raubüberfällen überkochte, hatte dazu geführt, dass chinesische Truppen in Amdo einmarschierten, um eine Einigung zu erzielen. An der Spitze stand der Kommissar für Grenzverteidigung selbst, der nicht nur mit der Aufgabe betraut war, den Streit zu schlichten, sondern auch den Auftrag hatte, eine Inspektionsreise sogar bis nach Lhamo, in die südliche Ebene und nach Ober-Tebbu zu unternehmen.

Teils durch den Einsatz von Tibetern, die bereits unter chinesischer Kontrolle stehen und chinesischen Befehlen gehorchen, teils durch eine Demonstration militärischer Stärke und teils durch reinen Bluff – chinesische Infanterie ist nicht die beste Truppe für den Einsatz gegen die Reiter von Amdo – sind der General und seine Gruppe in Lhamo angekommen.

Die gesamte Truppe wurde in dem rivalisierenden Lamakloster von Sechu auf der anderen Seite des Flusses gegenüber dem Lamakloster von Gurdu einquartiert, und die Tibeter der Region, die von Hause aus dazu neigen, die chinesischen Soldaten mit Hass und Abneigung zu betrachten, sind ratlos, wie sie sie behandeln sollen. Ihre Zahl ist unbedeutend. Innerhalb von zwei Tagen und Nächten könnte man aus den zwölf Stämmen die zehnfache Anzahl an hartgesottenen Kriegern aufstellen. Dennoch halten sie sich in Lhamo in scheinbarer Zuversicht auf und verlangen von jedem, dass er ihnen dient, wie es bei den Militärs in aller Welt üblich ist.

Auch ihre Bewaffnung ist nicht beeindruckend. Ihre Gewehre sind zweitklassig, die wenigen Pferde, die sie haben, sind abgenutzt und in schlechtem Zustand, und die Männer, die sie handhaben und reiten, tun dies auf eine Weise, das die Tibeter sich vor Lachen kugeln. Als militärische Streitmacht ist die chinesische Kolonne in den Augen der pferde- und waffenerfahrenen Tibeter nicht beeindruckend, und doch wirken die Offiziere dieser Kolonne sich ihrer Sache so sicher. Vielleicht liegt das daran, dass die Drähte eines Funkempfangs- und Sendegeräts verlegt wurden und das Gerücht kursiert, dass der General mit seinem Hauptquartier in China gesprochen hat und dass Bombenflugzeuge bereitstehen, um ihm zu Hilfe zu kommen, wenn es nötig sein sollte.

Die Menschenmenge, die sich versammelt hat, während der General vor dem Tor des Großen Hauses von Gurdu wartet, weiß all dies und noch mehr, und die Mitglieder dieser Menge sind durchaus versucht, sich auf Kosten des müde aussehenden kleinen Mannes zu amüsieren, der dort steht und wartet, während er Gedenktafeln liest.

Was sie nicht wissen, ist, dass er einst Lehrer an der Militärakademie von Whampo war und dass er einst Chiang Kai Shek in seinen Klassen hatte, dass er Offizier der nördlichen Strafexpedition war und bei der Einnahme von Nanking half, dass er Truppen in den Kämpfen in Schanghai befehligte und dass er Bombenangriffe, schweren Artilleriebeschuss und Kampfszenen miterlebt hat, wie sie die Stammesangehörigen von Amdo nie erfahren haben. Es gibt viele Dinge, die die Menge nicht weiß, doch weil sie ihre eigene Unwissenheit spürt und vage Bedenken hat, unterlässt sie es, laut zu lachen – noch. Später werden sie lachen, wenn sich das Tor des Großen Hauses von Gurdu öffnet und der seltsame kleine Chinese sich umdrehen und weggehen muss. Lachen ... aber vielleicht auch mit Steinen oder noch kriegerischeren

Waffen in Aktion treten. Für den Moment warten sie, wie der General, auf die Rückkehr des Boten.

Er kommt, und es mischt sich eine Spur von Verwirrung mit einer Unverschämtheit in Wort und Verhalten, die ihren Ursprung woanders hat als in seinem eigenen Denken und Entschluss. Auch er ist überrascht, dass man ihm nicht befohlen hat, das Tor für die verhassten Fremden zu verschließen. Stattdessen verkündet er seine Botschaft mit einer Stimme, die so berechnet ist, dass sie die Ohren der Menge erreicht, ob der kleine Mann im schwarzen Umhang sie nun versteht oder nicht.

„Die Ombos und der Verwalter sind alle beschäftigt: zu beschäftigt, um jetzt jemanden zu empfangen. Aber wenn der Fremde warten will, kann er im Gästezimmer des Großen Hauses von Gurdu warten."

Die Menge versteht. Wenn der kleine Mann durch das Tor tritt, um seinen Platz in der Gaststube des Großen Hauses einzunehmen, wird es Zeit zu lachen, und wenn er sich umdreht und in die Sänfte steigt, um auf den Schultern von Männern zurück zu seinem Aufenthaltsort getragen zu werden – dann wird es ebenfalls Zeit, zu lachen, und vielleicht sogar an Steine oder Waffen zu denken. Aber der Bote versteht nicht: Er ist immer noch verwirrt, weil ihm nicht gesagt wurde, er solle das Tor vor dem Fremden schließen.

Der Dolmetscher wandelt die abgehackten tibetischen Silben in chinesischen Singsang um, und der General versteht: versteht vielleicht besser als alle anderen, denn sein Interesse an der Kalligrafie verschwindet.

„Wache, zu den Waffen, um dieses Tor mit entsicherten Gewehren zu bewachen! Lasst niemanden hereinkommen. Offiziere, tut eure Pflicht für unser gemeinsames Land und unseren Führer. Es ist Krieg. Folgt mir. Dolmetscher, sag diesem Mann, dass er stirbt, wenn er nicht genau das tut, was ich sage."

Sie sind alle – auch der General – mit übergroßen automatischen Mauserpistolen bewaffnet und tun genau das eine, das niemand erwartet hat. Sie stürmen mit Gewehren in den Händen in das Große Haus von Gurdu. Ein Keuchen des Erstaunens ist die einzige unmittelbare Reaktion der Menge, und dann ist es zu spät, etwas zu unternehmen. Der General und sein Stab sind darin verschwunden, und die am Tor stehenden Schützen sind nur noch Spielfiguren. Das eigentliche

Spiel findet drinnen statt. Während sie auf das Geräusch der Schüsse lauschen, denkt niemand mehr an Lachen.

Der Bote ist ein unfreiwilliger Führer, aber mit der Mündung eines Gewehrs zwischen den Schulterblättern kann er nichts anderes sein, und er führt den General und seinen Stab – nicht in das Gästezimmer des Großen Hauses, sondern in das Privatzimmer des Gurdu Lama selbst. Die beiden Ombos sind da, der Heilige Widder ist da, der Verwalter ist da. Sie alle sind da: Sie fangen gerade an, sich über den armen kleinen Mann im schwarzen Umhang lustig zu machen, der vor dem Tor des Großen Hauses des Gurdu wartet, und sie sind auch gerade dabei, den Befehl zu geben, die Truppen der Zwölf Stämme zu sammeln.

Als er den Raum betritt, sieht der General keinen von ihnen. Er sieht nur den Lama in seinem prächtigen Gewand und seiner Glorie, der auf seinem Thron wie die einzige Quelle aller Macht und Herrschaft erscheint. Er ist sich sicher, dass dies der Herrscher ist, der ihn vor dem Tor treffen sollte; derjenige, der stattdessen eine kalkulierte Unverschämtheit schickte. Bevor die erschrockenen Tibeter begreifen, was vor sich geht, hat der General den Lama am Kragen gepackt und ihn von seinem Thron gezerrt. Als er stolpert und von seinem Podest als ein Haufen zu Boden fällt, bedroht ihn der General mit seiner Pistole und sagt kurz:

„Bringt ihn raus und erschießt ihn."

Der Lama lebt seit neunzehn Jahren im Großen Haus von Gurdu, so wie ein Gott in jenen ununterbrochenen Zyklen im westlichen Paradies lebt. In all dieser Zeit hat er nur gelernt, Verehrung zu empfangen und Segen zu spenden. Dafür ist sein Sitz weich gewesen, er hat Fettes und Süßes gegessen – und die Verantwortung anderen überlassen. Er hat vom Krieg gehört, er hat die Schlichtungsversammlungen gesegnet, wenn Frieden geschlossen wurde, – er saß über allem, wie ein goldener Gott –, und er hat sogar ein kindliches Vergnügen an den Waffen gehabt, die seine Ehrengarde trug, wenn ein Häuptling ihn zu einem Staatsempfang empfing, aber trotz all dem hat er in einem Vakuum gelebt, ganz gleich, wie sehr die großen Winde der stürmischen Machtpolitik von Amdo über seinen Kopf hinweg geweht sind. Doch er braucht die gestammelte tibetische Übersetzung des Befehls des Generals nicht, um zu wissen, dass er jetzt in harten Kontakt mit dem Leben – vielleicht sogar mit dem Tod – kommt. Er empfängt weder

Verehrung, noch spendet er Segen, und das weiß er. Mit diesem Wissen kehrt er instinktiv und überraschend seine Rolle um.

„Mit Ehrfurcht – mit Ehrfurcht."

Es ist ein Gebet, das er spricht, während er seinen Kopf auf den Boden schlägt und zu den Füßen des kleinen grauen Mannes in dem schwarzen Umhang kriecht. Die anklagende, drohende Pistole des Generals entdeckt die anderen, und sein Befehl wird wiederholt, allerdings mit einer etwas anderen Wortwahl.

„Bringt sie raus und erschießt sie – dieser hier bereut."

Da gibt es nur eines zu tun. Bei gleicher Chance könnten die Arroganz des Ombo, die grimmige Sturheit des Verwalters und die Steifheit der gealterten Gelenke des Heiligen Widders dafür sorgen, dass sie alle im Angesicht der Gefahr gemeinsam ungebeugt bleiben. Wenn sie die gleichen Chancen hätten, könnten sie vielleicht sogar General Li Wen Whua übertrumpfen. Aber sie haben nicht die gleiche Chance, denn ihr Lama liegt bereits am Boden. Für den einen oder anderen von ihnen ist er ein Werkzeug, ein Bruder oder ein Kind, und doch ist er sogar für sie der Lama – die Präsenz, die es zu verehren gilt, auch wenn sie von anderen verlangen, ihn zu verehren. Und er liegt auf dem Boden, den er immer wieder widerwärtig mit dem Kopf in Richtung des „elenden Chinesen" berührt. Da gibt es nur eines zu tun. Auch sie tun Buße und verbeugen sich, um ihr Leben zu retten, und während alle fünf am Boden liegen, hält der General ihnen einen Vortrag über politische Ökonomie und Staatskunst, mit Ausflügen in die Welt des Völkerrechts.

„Mit Ehrfurcht – mit Ehrfurcht!"

Das ist alles, was sie als Antwort auf das Gehörte sagen können – das meiste davon können sie auch bei bestem Bemühen des Dolmetschers nicht verstehen. Aber General Li Wen Whua ist nicht nur Professor für Politikwissenschaft, sondern auch der knallharte Anführer eines Expeditionskorps, das Nachschub, Transport und Service benötigt.

Er ordnet Nachschub und Fronarbeiter für den Transport an. Er befiehlt Bereitstellung von Futter und Treibstoff und eine Eskorte von Gurdu-Reitern bis in das Land der oberen Tebbu, und zu jedem Befehl schlagen die fünf – Lama, Ombos, Verwalter und der arme, alte Heilige Widder – ihre Köpfe auf den Boden und sagen,

„Mit Ehrfurcht – mit Ehrfurcht –".

Alle möglichen Forderungen sind nun gestellt und sogar Bußgelder verhängt worden. Der General ist außer Atem, aber sein früheres erzwungenes Studium der Kalligraphie, während der unverschämte Wind die Schöße seines schwarzen Umhangs peitschte, wurmt ihn immer noch.

Also sucht er in seinem Kopf nach einer weiteren Angelegenheit von Befehl und erzwungenem Gehorsam, mit der er den Rebellen Hiebe austeilen kann. Er erinnert sich an eine Geschichte, die er kürzlich gehört und nur halb geglaubt hat.

„Ihr habt einen Gefangenen, dem ihr die Ohren abgeschnitten habt, was völlig gegen die zivilisierten Gesetze und Grundsätze verstößt. Ihr habt einen solchen?"

„Mit Ehrfurcht – ja – mit Ehrfurcht."

„Man darf ihm nichts mehr antun. Wenn er stirbt, werde ich euch zur Verantwortung ziehen."

„Aber Eure Exzellenz sollten wissen, dass der Gefangene ein armer, diebischer Vagabund ist. Wie ein herrenloser Hund hat er niemanden, der hinter ihm steht; er hat keinen Gönner und keine Rechte."

Der erste Ombo, den der Hafer gestochen hat, hat gesprochen, bevor die Furcht seine Zunge stoppen kann. Der Ohrlose und sein Schicksal haben nichts mit diesem wichtigtuerischen Fremden zu tun. Und durch welches Missgeschick hat der Chinese überhaupt von seiner Existenz erfahren?

„Ah, du bist immer noch rebellisch, was? Bindet ihm die Hände; wir nehmen ihn als Geisel mit, bis wir Oberes Tebbu erreichen. Du armer, unwissender Tibeter, weißt du nicht, dass der ärmste Bettler einen Beschützer hat, und dass jeder seine Rechte als Mensch hat? Die chinesische Regierung ist der Beschützer eines jeden Menschen und insbesondere dieses einen. Wenn ich nur höre, dass ihm etwas zugestoßen ist, nachdem ich diesen Ort verlassen habe, werden die eisernen Vögel kommen, und dein Lamakloster wird es nicht mehr geben. Es ist Zeit für uns zu gehen. Du kommst mit uns. Ihr anderen, ihr vier, könnt bleiben."

Kein Anzeichen von Lachen, kein Gedanke an Heiterkeit zeigt sich bei der Menge, welche die Rückkehr des chinesischen Generals beobachtet, der etwas zusammengekauert in seinem Tragestuhl sitzt und den schwarzen Umhang um sich gewickelt hat – denn der Ombo geht neben den Trägern her und hält Schritt, obwohl seine Hände auf dem Rücken gefesselt sind.

In einer dunklen, kalten Zelle stellt ein Gefangener, der nichts von diesen Ereignissen weiß, in dieser Nacht zum ersten Mal fest, dass seine Abendmahlzeit in Menge und Qualität ausreichend ist, aber er lässt dem Wärter gegenüber keinen Kommentar verlauten, selbst als seine Fesseln gelockert werden und man ihm ein zusätzliches Kleidungsstück gibt. Er denkt nur, dass sie sicher sein wollen, dass er am Leben bleibt, bis die Boten zurückkehren. Danach weiß nur seine Bestimmung, was geschehen wird. Er, der Wissende, weiß nicht, dass die große chinesische Regierung zu seinem Beschützer erklärt worden ist. Vielleicht wird er es nie erfahren.

XIII

Die berühmten großen Doggen des Sohk-tsong-Häuptlings kehren völlig entmutigt zum Rand des Lagers zurück; sowohl durch die Drohungen ihres Herrn als auch durch die Steine, die sein Begleiter – sein Berater und seine rechte Hand – nach ihnen geworfen hat. Der dritte Mann, der mit ihnen geht, ist der Fremde, auf den es die Hunde abgesehen hatten, aber er wird von den beiden anderen beschützt und ist bereits weit genug von den Zelten entfernt, um sicher zu sein. Seine Maultiere und Pferde sind vor der Tür des Häuptlingszeltes angebunden, und seine Reisegefährten essen und trinken noch immer drinnen. Aber er hat Neuigkeiten von privater Bedeutung mitzuteilen, denn er ist der Verwalter der Gurdu, und was er zu sagen hat, ist nur für die Ohren des Sohk-tsong-Häuptlings und seines obersten Vorsteher bestimmt.

Die drei halten in Sichtweite des Lagers an und setzen sich an den Rand der Steilküste. Dort endet die Grasnarbe abrupt, und die Seiten des Ufers fallen steil zum Fluss ab. Von dort aus ist der gesamte zehn Meilen lange Lauf des Weißen Wassers bis zu seiner Mündung in das Pfauenwasser zu sehen – ein langes, glänzendes Band zwischen den rostroten Wiesen und den Ebenen der Herbstweiden von Sohk-tsong. An einer Stelle verbreitert es sich zu einer Furt von einer halben Meile Länge, wo die Karawanen bei Niedrigwasser den Fluss watend durchqueren können und sich so die Fährüberfahrt unten an der Mündung ersparen, wo sich das Lamakloster von Sohk-tsong weiß und klar von dem Berg abhebt, der das Knie des Pfauenwassers hartnäckig beugt.

Ein grauer, schneeschwerer Himmel hängt dicht über Fluss und Wiesen, und die drei Männer ziehen die Kragen ihrer Pelze fest um den Hals, denn der Wind, der das lange Gras platt drückt, ist scharf mit dem Stachel eines Sturms, der noch kommen wird.

„Es schneit bald. Besser zu warten und hier zu übernachten. Außerdem kommt mein Sohn heute Abend zurück und kann euch morgen auf eurem Weg helfen.

Warum so in Eile?"

Der Sohk-tsong-Häuptling ist ein gastfreundlicher Gastgeber und doch noch etwas mehr. Er kennt den Verwalter von Gurdu seit Jahren und weiß, dass er in seiner vorsichtigen, geheimnisvollen Art jede mögliche Hilfe braucht, um endlich mit etwas Wichtigem herauszurücken. Selbst mit einer solchen Gesprächsführung zögert der Verwalter noch, sein dunkles Gesicht verschwimmt vor Unentschlossenheit. Aber wenn er sofort weiterziehen soll, so muss er wenigstens etwas erzählen, und seine Mission ist so dringend, dass er es nicht wagt, zu bleiben, wenn doch die Zeit des Tageslichts, die ihm am Nachmittag bleibt, ihn noch weit kommen lassen wird.

„Ich muss den König von Ngawa so schnell wie möglich sehen, und wenn ich sofort weiterreise, kann ich ihn vielleicht noch erwischen, während er das Herbstlager besucht. Das wird mindestens zwei Tage sparen. Wenn wir nur entscheiden könnten, was zu tun ist, bevor es alle wissen. Wenn es alle wüssten und schimpften und tadelten, wäre das schon schlimm genug, aber was sie tun werden – und das ist fast sicher – ist lachen. Zum Höllenschlund – wenn das Zeltvolk zu lachen beginnt, wie kann man dieses Lachen zum Schweigen bringen?"

Der düstere Blick des Verwalters mustert die Gesichter des Häuptlings und seines Mannes, als würde er sie verdächtigen, die ersten zu sein, die sich lustig machen weden. Doch nichts kann weiter vom Lachen entfernt sein als das strenge Gesicht des Häuptlings, und das des anderen ist so weit in seinem Kragen verborgen, dass es genauso gut gar kein Gesicht sein könnte.

„Es ist nicht nur die Sache mit der Ankunft des elenden China-Mannes. Ihr habt davon gehört, nicht wahr?"

„Welcher elende China-Mann? Erzählt davon."

Das Gesicht des Sohk-tsong-Häuptlings ist unergründlich. Es verrät nichts. Wenn es jemals in Gelächter ausbrechen sollte, wird dieses Gelächter noch lange auf sich warten lassen. Aber das Gesicht seines Begleiters ist aus seinem Versteck hervorgetreten, hängt wie ein Fragezeichen über dem Kragen seines Mantels und wartet auf die Antwort des Verwalters.

„Ihr habt doch sicher von dem chinesischen Offizier gehört? Der chinesische Offizier, der nach Lhamo kam und ein paar armselige Soldaten anführte? Es waren nicht so viele und ihre Gewehre waren schlecht. Vielleicht hätten wir sofort die Truppen der Zwölf Stämme herbeirufen sollen, aber alle hatten Angst wegen der Maschine, die durch den Raum spricht. Er kam zu uns – zu uns vom Großen Haus von Gurdu – und es gab Ärger. Wir hätten entweder gegen ihn kämpfen oder ihn empfangen sollen. Wir taten weder das eine noch das andere, und es gab Schwierigkeiten – einige Schwierigkeiten ...".

„Nachdem er das Große Haus betreten hatte?"

Der Häuptling der Sohk-tsong hat nicht gesprochen. Es ist der andere, der die Frage abfeuert, die wie der Knall eines Gewehrs in einer stillen Nacht hereinplatzt, aber der Schatten eines Stirnrunzelns zieht über das Gesicht des Häuptlings und er wirft – sanft, aber bestimmt – eine Frage ein:

„Ihr habt ihn also nicht empfangen? Aber ist er denn eingetreten? Wir wollen es wissen."

Der Verwalter starrt die beiden anklagend an, aber ihre Gesichter sind wieder völlig ausdruckslos. Er nimmt die Erzählung dort wieder auf, wo sie unterbrochen wurde.

„... einige Schwierigkeiten und Ärger. Der General – der Chinese – war wütend und sagte, der Ohrlose müsse von jeder weiteren Verletzung verschont bleiben, wir würden sonst dafür zur Verantwortung gezogen. Was kümmert ihn der Vagabund überhaupt? Was ein wildgewordener Chinese sagt, bedeutet wenig genug. Aber er hatte den großen Ombo drei Tage lang als Geisel, so dass wir nichts tun konnten, so sehr wir es auch wünschten. Und der Heilige Widder ist ein alter Narr – er wollte nicht erlauben, dass ich ..."

Die Stimme des Verwalters stockt und versiegt in widersprüchlichen Gefühlen und wieder auflebender Unentschlossenheit. Er ist sich plötzlich seiner Zuhörer nicht mehr sicher, denn das, was er sagen will, ist äußerst gefährlich: gefährlich für den Sprecher und gefährlich sogar auch für die Zuhörer.

„Ihr habt also den Ohrlosen doch nicht verletzt? Der Thsa-ru-ma-Häuptling sagte, er würde nicht leben, bis die Boten zurückkämen. Aber nach dem, was der chinesische General gesagt hat, hast du dich entschieden – es schien ..."

Die Stimme des Häuptlings ist unverbindlich, aber seine Worte prüfen das plötzliche Schweigen des Verwalters wie ein Reisender, der Schritt für Schritt eine neu entstandene oder von der Sonne im Frühling zu lange angenagte Eisbrücke prüft.

„Wegen der Boten haben wir ihn zunächst am Leben gelassen. Als die Boten zurückkamen, dachten wir, wir könnten den unglücklichen Vagabunden dann nach Hause schicken. Das hätte sogar den elenden höllischen Chinamann – den bärtigen, sprechenden Chinamann – mit seinem Geschimpfe zufriedengestellt. Und alle Zwölf Stämme – mehr noch, alle Stämme von Amdo – würden dann über den ohrenlosen Schurken lachen. Stattdessen ..."

Der Verwalter beugt sich vor und zieht die Köpfe seiner Zuhörer dicht zusammen. Soweit er kann, wird er alles erzählen. Sie werden es sowieso bald erfahren.

„... Stattdessen kamen die Boten zurück, fünf Tage früher als geplant, aber mit ruinierten Pferden, und sagten, sie konnten kein Lager und keine Familie mit diesen Namen finden. Unter den Gsar-ta-Goloks – den entferntesten aller Goloks – gibt es weder ein Lager von Ong-kor noch eine Familie von Wan-dro."

Kein Lager, keine Familie mit diesen Namen! Dann war dieser ganze Teil der Erzählung frei erfunden. Was war sonst noch Geschichte oder Fabel anstelle von Tatsachen? Teile – ganze Abschnitte dieser wunderbaren Geschichte, als ob sie gerade erst gesprochen worden wären – singen in ihren Köpfen, zusammen mit den Fragen, die aufkommen, als der Häuptling und seine Männer die volle Bedeutung der Worte des Verwalters begreifen und schließlich unisono keuchen:

„Wo wurde er denn geboren?"

„Wessen Sohn?"

Die Stimme des Häuptlings scheint sich verändert zu haben, als er die letzten Worte sagt. Oder ist es die Illusion des Wandels, die den Verwalter heimsucht, und er bildet sich Dinge ein, die nicht den Tatsachen entsprechen? Aber die Phantasie macht ihn leichtsinnig. Um die verborgenen Gedanken der anderen zu entwurzeln, bringt er seine eigenen verborgenen Gedanken zum Vorschein.

„Es ist mir egal, wo er geboren wurde oder wessen Sohn er ist, sogar wenn es der alte Yzimba selbst ist. Ich könnte ihn mit meinen eigenen Händen töten, aber die anderen haben Angst. Jetzt wagen wir es nicht, ihn zu töten, und wir wagen es nicht, ihn gehen zu lassen. Wenn wir ihn gehen lassen, erkennen wir seinen Anspruch an, und die anderen, die Ombos und der Ram, trauen sich nicht, ihn zu töten. Was sollen wir mit ihm machen? Doch vielleicht weiß der Ngawa-König, was zu tun ist. Er hatte viele seltsame Ideen, als er im Rat saß, aber vielleicht weiß er mit all diesen seltsamen Ideen, was zu tun ist. Ich muss also unverzüglich weiterreisen. Ich kann nicht einmal heute Nachmittag bleiben. Vielleicht wird der Ngawa-König wissen, was zu tun ist, damit niemand lacht. Ich muss weiterreisen."

Der Verwalter spricht, als wolle er einer dringenderen Aufforderung zum Bleiben zuvorkommen. Aber der Häuptling drängt zu nichts, als sie aufstehen und zum Lager zurückgehen. Er hat flussabwärts gesessen und gesehen, wie eine Reihe von Reitern die eine halbe Meile breite Furt überquerte. Nam-jor, der älteste Sohn, wird mit seinen Begleitern ankommen, und es wird sicher Neuigkeiten geben.

Auf das Durcheinander der Abreise des Verwalters folgt nicht lange danach das Durcheinander der Ankunft von Nam-jor, und es ist schon nach Einbruch der Nacht, als sich schließlich alle am Herdfeuer im großen Hauszelt des Häuptlings versammeln, um die Neuigkeiten zu hören und zu erzählen, nachdem das Abendessen beendet und die Zeit für Gespräche gekommen ist.

Der Häuptling füllt langsam seine silberbeschlagene Hornpfeife und fischt mit dem daran befestigten Zänglein nach einer heißen Kohle in der glühenden Aschegrube des Feuers. Die Pfeife ist die Vorstufe zum Reden, und wenn er sie fertiggeraucht hat, wird er die Sitzung beginnen. Doch sein Sohn bricht plötzlich mit der altehrwürdigen Sitte und spricht zuerst.

„Wer ist hier weggegangen, nicht lange bevor wir angekommen sind? Wer ging weiter und wohin?"

„Der Verwalter von Gurdu ist auf dem Weg nach Ngawa."

Es ist, als ob zwischen Nam-jor und seinen Begleitern – fünf jungen Leuten aus ebenso vielen Stämmen, die sich zur gemeinsamen Jagd versammelt haben – eine Unterredung stattfände. Ein gemeinsamer Gedanke, so einheitlich wie der Feuerschein, der sich in all ihren Gesichtern widerspiegelt, geht von Auge zu Auge und von Lippe zu Lippe, doch es wird kein Wort gesprochen, bis der Häuptling fragt:

„Was ist die Neuigkeit? Was sagt man sich an den Feuern, die zwischen Sohk-tsong und Tahk Thzang Lhamo brennen? Was sagen sie über die Gurdu-Affäre?"

„Die Nachrichten, Vater, sind größtenteils die, die du schon gehört hast – die Ankunft des chinesischen Generals und all das. Aber zweifellos hat der Gurdu Lama vor den chinesischen Offizieren seinen Kopf auf den Boden gestoßen. Auch die Ombos und der Verwalter. Dann reiste der General ab, und nach ein paar Tagen war alles wieder so ruhig wie zuvor, nur dass man munkelt, der General habe gesagt, der Ohrlose – Om mani padme hum – dass er nur Ohrlos sein muss – solle in Ruhe gelassen werden. Wenigstens ist er jetzt wohlgenährt und gut behandelt.

Der General sagte, er, der Ohrlose, stehe unter dem Schutz des „kaiserlichen Hauses" in Nanking, wo auch immer das sein mag.

Der Chinese hatte eine Kiste, die durch den Raum spricht, und er befahl den eisernen Vögeln, Bomben zu bringen, um sie auf Gurdu abzuwerfen, es sei denn, das Große Haus von Gurdu würde sich unterwerfen und ihren Kopf an ihn binden[10]. Also gaben sie ihm fünf gute schwarze Pferde und banden ihren Kopf an ihn – das Große Haus von Gurdu band den Kopf an einen erbärmlichen Chinesen."

„Erzähle deinem Vater von den Boten. Das ist die beste Nachricht von allen. Erzähl von den Männern, die fünfzehn Tage lang geritten sind, um in einem Geisterlager eine Phantomfamilie zu suchen."

Einer der fünf kann sich diese Bemerkung nicht verkneifen und erzählt die Geschichte gleich selbst weiter.

„Das Lager bei den Gsar-ta-Goloks, von dem der Ohrlose – Om mani padme hum! – erzählt hat, gibt es nicht. Es gibt kein Lager von Ongkor, also gibt es auch keine Familie von Wan-dro, die einen Sohn hat, der nach Lhasa gepilgert ist. Ein fünfzehntägiger Ritt, um ein Lager zu finden, das es nicht gibt. Es ist ein Wunder, dass sie ihn nicht sofort getötet haben, als die Boten zurückkamen. Aber natürlich war der chinesische General in der Zwischenzeit gekommen und hatte sie ordentlich ausgeschimpft. Oh, es gibt Neuigkeiten – es gibt Neuigkeiten jeder Art. Und der Verwalter von Gurdu ist nach Ngawa gegangen, oder? Er muss gehen."

„Das sind die Neuigkeiten, aber die Witze sind besser, bei der Präsenz des Buddha – ja, des Gurdu Buddha, welcher auch immer dieser ist. Der Lama weiß – nur der Lama weiß."

Der junge Tapfere, der die Geschichte aufgreift, rollt mit den Augen und lässt sich auch von der strengen Miene des Häuptlings nicht beirren.

„Gurdu hat die seltsamsten Lamas. Das sagen wir in unserem Stamm. Sie müssen seltsame Menschen mögen, denn sie haben zwei – beide sind seltsam. Der eine hat keine Ohren und der andere verehrt

---

10 Loyalität erklären; R.J.

die unseligen Chinesen. Sei nicht böse, Häuptling. Gurdu ist schließlich nicht dein Lamakloster."

Es ist zu einem Wettlauf geworden, bei dem jeder aus der Gruppe zu Wort kommen und die Dinge erzählen will, die seine Stammesangehörigen zum Lachen bringen. So fährt ein anderer fort:

„Ah, aber hört euch das an. Das hat der Ngawa-König gesagt, als er in Lhamo war, und jetzt – ja, jetzt – geht der Verwalter zum Ngawa-König. Er ist ein Lämmchen, trotz all seiner finster schwarzen Blicke. Der Ngawa-König bat den Gelb-Kopf, dem Rat beizuwohnen, der den Ohrlosen verurteilte. Er bat den Gelb-Kopf, seine Meinung zu sagen und bei der Wahl des Lamas zu helfen.

Du kennst das gelbe Haupt, das in Lhamo lebt und eine andere Religion predigt – das gelbe Haupt, das nicht dem Glauben des Erleuchteten angehört. Er bat ihn, das entscheidende Wort zu sprechen. Aber der Gelb-Kopf lachte nur. Mein Bruder war im Gästezimmer des Gelb-Kopfs und hörte alles. Dann sprach der Gelb-Kopf auf seine Art über Religion und predigte über auserwählte Retter: einen von Gott auserwählten Retter und Retter, die von den Menschen selbst ausgewählt wurden. Es war eine gute Predigt, sagte mein Bruder. Er lachte, als er davon erzählte, obwohl die Männer unseres Stammes damals noch nicht zu lachen gewagt hatten. Aber jetzt, seit sie bei den Goloks nach einer Familie gesucht haben, die es nicht gibt, lacht jeder.

Wenn der Ohrlose keine Familie hat, dann muss er vom Himmel gefallen sein. Gurdu hat also zwei Lamas – einen irdischen, den Sohn von Thsa-ru-ma, und einen himmlischen, der vom Himmel gefallen ist und in einer Höhle gefunden wurde. Vielleicht sind sie Zwillinge. Selbst wenn sie Zwillinge sind, würde ich gerne wissen, ob sie denselben Vater haben. Es gibt viele solcher Dinge, die ich gerne wissen würde. Der Lama weiß – Om mani padme hum! Nur der Lama weiß."

„Was wird Gurdu tun?" Der Häuptling hat seine Pfeife zu Ende geraucht und stellt die Frage, während er die Asche ausstößt.

Nam-jors Stimme wird lauter, und er antwortet mit plötzlichem Nachdruck: „Es ist nicht mehr die Frage, was Gurdu tun wird, sondern was Ah Ta der Kühne tun wird. Es sei denn natürlich, der Ohrlose stirbt. Vielleicht stirbt er noch. Aber Vater, wir tun nichts mehr für Gurdu. Es ist zu schwierig und auch zu lustig. Wie auch immer, denk an das graue Pferd ..."

Die warnende Hand des Häuptlings stoppt ihn, doch diese Hand scheint wie ein Signal für einen Ausbruch von wildem Geschrei draußen. Auch die großen Doggen bellen durch die Nacht. Doch der Lärm verhallt wie eine Böe geisterhaften Gelächters. Es ist nur der übliche nächtliche Alarm, aber dem Häuptling erscheint er wie das Echo der Lachböen, die durch die Lager der Zwölf Stämme wehen. Selbst an seinem eigenen Feuer lachen sie wieder über den doppelten Lama – den himmlischen und den irdischen.

Sein Gesicht verändert sich im Schein des Feuers. Und dann ist da noch die Sache mit dem grauen Pferd, die schon lange zurückliegt. Nur sein Sohn und der Häuptling, der den ganzen Abend kein Wort gesagt hat, wissen von diesem geheimen Geschenk.

Das Lachen, das schon lange auf dem Weg ist, wird bald kommen. Doch etwas Tieferes als Lachen steht ihm ins Gesicht geschrieben, als er sich daran erinnert, wie der Ohrlose seine Geschichte erzählte. Die Stammesangehörigen mögen lachen, und mit der Zeit wird auch er lachen, aber diesem Lachen werden die Worte „Om mani padme hum" folgen, die zu Ehren der himmlischen Manifestation des Gurdu Lama gesprochen werden. Alle sind sich einig, dass Gurdu zwei Lamas hat: den Ohrlosen und den Verehrer des Erbärmlichen Chinesen. Mit einer Ironie, die niemals vergehen kann, fügen sie ihrem Gebet und ihrem Lachen die Worte hinzu,

„Wie glücklich ist das Große Haus Gurdu. Der Lama weiß – nur der Lama weiß."

XIV

Der Wald bedeckt den Berghang: ein verwobenes Muster aus Grün, Braun und Weiß, denn der Schnee hat die großen Fichten mit ihren grünen Ästen und braunen Stämmen neu bedeckt. Das Ganze ist überall mit Flecken von Sonnenlicht überzogen, die von den Schatten in tausend spitzenartige Muster gestempelt werden, wenn die Sonne hoch am Himmel steht. Unaufhörlich versucht der Wind, seinen Willen bei den protestierenden Bäumen durchzusetzen, doch mit der Mittagssonne setzt eine andere Art von Bewegung ein, und Schneefladen beginnen von den Ästen zu rutschen: Sie platschen auf den Boden und ziehen andere winzige Schneerutsche im Gefolge.

Sie klingen wie verzweifelte Ausrufe des Schreckens für denjenigen, der im unzureichenden Schutz eines großen hohlen Baumes kauert.

Die leichte Wärme, die den Schnee gelockert hat, reicht nicht aus, um seinen zusammengepferchten Körper zu wärmen, und er wagt es nicht, ein Feuer zu machen. Tatsächlich kauert er so dicht am Baum gleichermaßen, um sich zu verstecken und um Schutz zu finden. Doch er weiß nur zu gut, dass sein Versuch, sich zu verbergen, vergeblich ist – dies wegen der Spuren im Schnee, die vom Baum wegführen. Andere Spuren wurden in der Nacht verwischt, aber diese sind die Spuren, die einer hinterlassen hat, der im Halbdunkel des Tagesanbruchs weggegangen ist, und seitdem ist kein Schnee mehr gefallen.

So versteckt sich Aluk Shiang Cheung, der Ohrlose, am dritten Tag seiner Flucht. Doch diese Flucht ist noch nicht beendet. Wenn er seine Position wechselt, hört man das leise Klirren von Metall auf Metall, denn er ist immer noch eng mit eisernen Fesseln an den Knöcheln gefesselt. Er verbirgt sich im Herzen des Waldes jenseits des ersten Bergrückens, der das Ngawa-Tal begrenzt, doch so gefesselt, wie er ist, kann er nicht viel weiter gehen als bis zum nächsten Baum und kann sich daher nur verstecken. Von Zeit zu Zeit testet er ein Messer an seinen Fesseln; er schabt feine Eisenfetzen ab, denn das Messer ist zwar aus feinstem Stahl, aber trotz seiner Schärfe kaum geeignet, schwere Eisenfesseln zu durchtrennen.

Die Spuren, die von seinem Versteck wegführen, üben eine seltsame Faszination auf ihn aus, und sein Blick ist unablässig auf sie gerichtet. In seinen Gedanken sieht er, wie sie schicksalsschwer und unbeirrt durch den Wald führen, bis sie den Bach erreichen; wie sie diesen auf dem Eis überqueren – auf dem sie gegen das doppelte Weiß dunkler denn je aussehen – und wie sie dann den gegenüberliegenden Hang hinauf zum Pass und irgendwo hinunter ins Ngawa-Tal führen. Dort wird sie jemand sehen. Sicherlich wird sie jemand sehen. Und doch gab es nichts anderes, was sie tun konnten.

Der Mönch musste zurück unter die Menschen gehen und eine Feile finden. Ihre letzte Möglichkeit, die Fesseln zu öffnen, war erschöpft, und eine weitere Flucht war unmöglich. Bald würde auch ihr Essensvorrat zu Ende sein ... Ja, sie mussten eine Feile bekommen. Doch es war ein böses Geschick, das einen so starken Schneefall gebracht und die Landschaft zu einem leeren Blatt gemacht hatte, auf dem eine Geschichte geschrieben werden konnte – die Geschichte der Treue, des Mutes und der Stärke eines Mannes.

Viele Tage sind seit der Nacht vergangen, in der der Kerkermeister des Verlieses von Gurdu dem Gefangenen eine volle Mahlzeit und ein zusätzliches Kleidungsstück brachte. Jeden Tag danach brachte er eine volle Mahlzeit, und der Gefangene wunderte sich immer mehr, als sogar seine Kräfte zurückkehrten. Die Wunde auf seinem Rücken verheilte.

Die beiden Wunden an den Seiten seines Gesichts wurden zu frischen roten Narben, und seine Füße schienen unter dem Gewicht der Fesseln weniger taub zu sein. Aber mit dem stärkeren physischen Griff nach dem Leben realisierte er schärfer, wie ungewiss seine Chance war, weiterzuleben.

Ein Monat, in dem die Boten gehen und kommen würden – vielleicht ein paar Tage weniger, wenn sie hastig zurückreisten, wenn sie alles wussten – und dann? Sein Leben würde an einem Haar hängen, das die kleinste Laune oder der kleinste Impuls abschneiden könnte. Und er hatte einen Monat Zeit. Aber der Monat verging, und nichts änderte sich an seiner Gefangenschaft.

Doch als der Verwalter dann in seine Zelle kam, wusste er, dass die Boten endlich zurückgekehrt waren, wenn auch viele Tage später, als er zunächst vermutet hatte. Wie auch immer es sein mochte, es war, so dachte er, das Ende. Zumindest würde das Ende ziemlich schnell sein. Dessen war er sich sicher, denn so hatte er die Ungeduld und die Furcht des Verwalters eingeschätzt. Doch der Verwalter ignorierte ihn völlig, was irgendein äußeres Anzeichen betraf, und kümmerte sich nur darum, dem Gefangenen die Fesseln zu wechseln, damit er auf einen Sattel gesetzt werden konnte.

Der Gefangene fand sich auf einem Pferd wieder und erfuhr, dass der Tag angebrochen war. Bewacht von einer schweren Truppe ritt er westwärts und südwärts über die südliche Ebene, immer noch verwundert darüber, was geschehen war, und neugierig auf das, was geschehen würde.

Doch weder Verwunderung noch Neugierde zeigten sich in seinem Gesicht. Nach seiner Rede im Lamakloster war er zu seiner früheren Verteidigung durch Schweigen zurückgekehrt und hatte seit jenem Tag der überraschenden Aussage nichts mehr gesagt.

Der „Schweigende" zu sein, ließ ihn mit der Zeit auch wie der „Nicht-hörende" erscheinen. Der „Ohrlose", sagten die Mitglieder der Wache scherzhaft zueinander und begannen, ihn als solchen zu betrachten; sie ließen das Bewachen ihrer Zungen fallen. Am Ende des zweiten Tages wusste er etwas über den Besuch des chinesischen Generals – zumindest soweit es ihn betraf – und über die ganze Geschichte der Rückkehr der Boten. Er erfuhr auch, dass er zum Ngawa-König gebracht würde, aber damit endeten seine Informationen, denn mehr wusste niemand.

Im Mei Thang, dem Palast des Ngawa-Königs, war seine Gefangenschaft weit weniger strikt als zuvor. In diesem riesigen Gebäude konnte ein Flügel oder ein Stockwerk von den übrigen Räumen nahezu isoliert werden, und ein Gefangener konnte ein sehr großes Maß an Freiheit genießen. Zeitweise durfte er sich sogar im gesamten zweiten Stockwerk aufhalten, wo das eigentliche Hofleben stattfand, und obwohl er schwere Fesseln trug, konnte er von Raum zu Raum gehen. Aber in Wahrheit irritierte ihn die Behandlung, die er erfuhr, die Art und Weise, wie er lebte, und vor allem die Haltung des Ngawa-Königs mehr als die Schrecken der Zelle in Lhamo. In Lhamo hatte er genau gewusst, was er erwarteten konnte. Er hatte die Gefühle und Reaktionen seiner Feinde so genau gekannt, dass er mit ausreichender Genauigkeit im Voraus wusste, was ihn erwartete, und ihre Handlungen voraussagen konnte. Aber im Mei Thang fühlte er sich ratlos. Er fühlte sich wie einer, der im Nebel über die flache, weglose Ebene reitet – im dichten Nebel, wenn der Wind aufgehört hat. Immer, wenn sie sich begegneten, glich das Gesicht des Ngawa-Königs in seinem leeren Ausdruck dem seinen.

Erleichterung brachte, das Gesicht des Mönchs zu sehen, der ihm diente und als Wächter fungierte: ein schlichtes Gesicht mit einem breiten lächelnden Mund und Augen, die jedes Mal, wenn sie die beiden roten Narben des Ohrlosen bemerkten, erschrocken aufschreckten.

„Om mani padme hum!"

War das ein Ausruf, oder ein Gebet? Dass es ein Gebet war, wusste Aluk Shiang Cheung, als sein Wächter anfing zu sagen: „Mit Ehrfurcht – mit Ehrfurcht", und sich dennoch ängstlich umschaute, damit es bloß nicht jemand mitbekam. Dieser halb unbewusste Blick nach hinten hatte den Aluk schließlich davon überzeugt, dass es sich lohnen würde, und er, der sich – bis auf ein einziges Mal – geweigert hatte, mit Ombos, Häuptlingen und sogar dem König selbst zu sprechen, sprach wieder und wieder zu einem schlichten, lächelnden Mönch mit enormen Armen und breiten Schultern von ungeheurer Kraft.

Es war ein Kinderspiel für die Stimme, die sogar den Rat in Lhamo verzaubert hatte, den leichtgläubigen Mönch in ihren Bann zu ziehen, aber es war etwas mehr als ein bloßes Kunststück der Sprache und eine überzeugende Zunge, die den Mönch zu einem Bekehrten machte. Aluk Shiang Cheung hatte schon immer eine seltsame, fast hypnotische Macht auf Menschen ausgeübt. Schon die Mönche des Drag-Kar-Lamaklosters hatten diesen Einfluss gespürt, und der kleine Akolyth hatte sein Leben aus reiner Loyalität zu demjenigen verloren, dem er vom Eingang der Drag-Kar-Höhle aus gefolgt war; und auch Ry-al-wo Wang, der müde und aller Menschen überdrüssige Aristokrat, war zu einem gewissen Grad von demselben Einfluss berührt worden. Und das war sicher einer der Gründe, warum ihn der Verwalter von Gurdu so voller Furcht hasste. Nun forderte diese Macht die Loyalität des Mönchs ein, der ihn bewachte, und sie gewann den Glauben an den Lama, der zuallererst so sehr an sich selbst glaubte.

Das Gesicht des Ngawa-Königs blieb aber eine Quelle der Beunruhigung: ein Gesicht, das seinem eigenen an Wissend-sein im Ausdruck glich. Manchmal dachte der Ohrlose, dass der König alles wusste, sogar um die Pläne für die Flucht, und doch fand diese Flucht statt, ohne dass sie aufgehalten wurden. Nur die Beschaffung des Schlüssels für die schweren Fesseln ging schief. Doch trotz dieser Einschränkung gelang die Flucht. Der Mönch trug ihn auf seinem Rücken durch die Nacht, und vielleicht hat diese einzelne Spur die Verfolger auf eine falsche Fährte gesandt, denn die beiden konnten noch vor Tagesanbruch den Schutz des nächsten Waldes erreichen.

Die zweite Nacht war schwieriger, denn das Gelände war rauer und die Hänge waren steiler. Doch der Mönch schien unermüdlich zu sein, obwohl seine großen Schultern sich schwer hoben und sein Atem wie der eines beladenen Yaks beim Bergaufgehen ging. Als sie bei Tagesanbruch weit genug von Ngawa entfernt waren, so dass sie sich nicht mehr verstecken mussten, wussten sie auch, dass die Flucht nicht weitergehen konnte. Den ganzen Tag arbeiteten sie an den Schlössern und Fesseln, mit Steinen und dem sehr guten Messer, das der Mönch vom Tisch des Königs stibitzt hatte, aber am Ende des Tages waren die Fesseln so fest verschlossen wie zuvor. „Eine Feile – eine Feile ...". Der Gedanke, der sich schon den ganzen Tag abgemüht hatte, geboren zu werden, nahm in Worten Gestalt an, als sie ihre Niederlage eingestehen mussten.

Doch mit ungebrochenem Mut nahm der Mönch seine Last für die dritte Nacht auf sich.

„Mit Ehrfurcht – mit Ehrfurcht", keuchte er, während er weiter den Berghang des großen Waldes hinaufkletterte.

Als es hell wurde, sagte er, er werde in ein entferntes Dorf zurückkehren, wo er eine Feile holen würde, und mit diesen Worten machte er sich bereit, aufzubrechen.

„Mit Ehrfurcht ..." – er verbeugte sich, um einen Segen zu empfangen, und verschwand, aber im Wald blieben die Spuren: schwarz und verhängnisvoll.

Der Gefesselte blieb mit seinen Gedanken und seinen Erinnerungen an das Gesicht des Ngawa-Königs zurück. Es verfolgt ihn mit seiner Gewissheit und seiner Geringschätzung, und während er dasitzt und dem fallenden Schnee lauscht, fragt er sich, ob er überlistet worden ist. Die einzige Spur im Schnee wird irgendwie die Antwort liefern. Wenn der Mönch in der Abenddämmerung oder später auf dieser Spur zurückkommt, bedeutet das Freiheit, und mit dieser Freiheit auch, was immer an verzweifelten Handlungen ihn seine Narben und seine Erinnerungen auszuführen veranlassen. Wenn jedoch andere auf diesem Weg kommen, Jäger, Reiter, jene Männer von Ngawa, die das seltenste Wild jagen, dann bedeutet das die erneute Gefangenschaft und alles, was an Strafe und Folter damit verbunden sein wird, wenn nicht gar den Tod. Wenn aber nichts von beidem diesen Weg einschlägt, sitzt er in der Falle, und wenn sein Vorrat erschöpft ist, ist auch die Geschichte zu Ende. So eng gefesselt, wie er ist, kann er niemals hoffen, der Spur zu folgen und irgendwo hinzukommen. Dann ist die Geschichte von Aluk Shiang Cheung zu Ende erzählt.

Leben und Tod sind mit diesen Spuren im Schnee verbunden. Kleine Schneerutsche plumpsen von den Ästen der Bäume und füllen sogar einige der Fußabdrücke, doch sie werden sie nie ganz bedecken. Durch die lauten, klatschenden Geräusche des fallenden Schnees hindurch lauscht er nach dem Geräusch von jemandem, der den Weg entlang kommt.

Dann hört er sie: Reiter, die über den Pass kommen und rücksichtslos reiten. Das Geräusch dringt bis in die Talsohle vor und verbreitet sich dann im Bachbett, wo die Männer ihren Pferde Fußfesseln anlegen, bevor sie zu Fuß durch den dichten Wald aufbrechen. Er weiß, lange bevor sie ankommen, dass sein Fluchtversuch gescheitert ist.

Sie finden ihn, trotz seiner Fesseln, wie es sich für ein Lama gehört, mit dem Rücken zu einem großen, teilweise hohlen Baum sitzend. Sie finden nichts weiter: weder einen Vorratsbeutel noch eine Schale, aber sie haben den Entflohenen gefunden und ihre Arbeit ist getan. Der Entflohene ist der Wiedergefangene, und diese Wiedergefangennahme ist die Geschichte, die die Leute jetzt erzählen werden.

Die Spuren im Schnee haben ihn an seine Feinde verraten, aber wer hat den Mönch verraten und wo ist er jetzt, der mit dem breiten Rücken, den kräftigen Gliedern und der tapferen, keuchenden Brust?

Was wird das Gesicht des Ngawa-Königs beim Anblick des Wiedergefangenen zeigen, wenn ihre Blicke sich treffen und aufeinanderprallen?

XV

„Ku-hu – hu-hu! Auf! Aufstehen und schauen! Auf!"

Der Ruf ertönt mit dem plötzlichen Anbruch der Morgendämmerung, und ein gutes Dutzend Männer erwachen aus dem Schlaf und den warmen Schlupfwinkeln aus Fell und Filz, die sie sich gegen die Kälte gebaut haben. Die frostige Nacht geht in einen Tag über, der teilweise mit schimmerndem Raureif und leichtem Schnee verhangen ist, einem Schnee, der nicht entschlossen zu sein scheint, ob er fallen oder mit dem Wind weiter treiben soll. Alles ist mit einer dünnen weißen Decke bedeckt, die nur dort, wo die Pferde stehen, in dunkle, zertrampelte Fragmente zerfällt, und noch frischer dort, wo sich jeder weiße Hügel wie ein offenes Grab hebt, um einen Mann und ein Gewehr erscheinen zu lassen. Doch die Pferdeleinen sind unversehrt: die Pferde sind mit eisernen Fesseln verbunden. Kein Pferd fehlt, und doch schießt der Schrei in den Tag.

„Ku-hu – hu-hu! Auf! Aufstehen und schauen! Auf!".

Der Gefangene ist weg. Fünfzehn Männer der Ngawa – ausgesuchte Reiter und Gewehrschützen – starren sich gegenseitig an und dann ihren Anführer, denn es gibt keine Spuren – die Satteldecken mit dem Sattel als Kopfkissen, die dem Gefangenen als Bett dienten, sind so glatt überzogen wie alles andere. Aber er, der Gefangene, ist nicht da: Er war schon weg, bevor es irgendwann in den dunklen Stunden zu schneien begann.

Der *Ner-wa*, der vertraute Offizier des Ngawa-Königs, übernimmt die Leitung des Durcheinanders, und seine Befehle sind scharf und von einer eigentümlichen Dringlichkeit.

Der Entflohene muss gefunden werden. Er kann nicht weit weg sein, denn offensichtlich trägt er immer noch eiserne Fußfesseln, – zumindest hat er sie nicht im Lager zurückgelassen –, also kann er nicht weit weg sein. Das Lager kocht über vor Betriebsamkeit, die Pferde werden losgebunden und gesattelt, und in kürzester Zeit ist die Verfolgung eröffnet: Die Pferde, steif vor Kälte und mit verknoteten, hochgehaltenen Schwänzen, wirbeln herum und versuchen, zur Besinnung zu kommen.

Sicherlich kann der Gefangene wieder eingefangen werden, denn die Verfolger können die Landschaft in einem Radius durchkämmen, der zu groß ist, um einen Flüchtigen zu Fuß ein Entkommen zu erlauben – selbst wenn er nicht gefesselt wäre.

Das Biwak liegt in einem weiten Tal, in dem flache Wiesen an das Vogelwasser grenzen, einen Bach, der irgendwo in der Mitte liegt zwischen Schwimmen-müssen und Hindurch-waten-können – jetzt aber einheitlich weiß unter schneebedecktem Eis liegt. Flussabwärts verbreitert sich das Tal zu einer langen, flachen Linie in der Ferne: eine mit Büschen übersäte Ebene, wo Vogelwasser in Pfauenwasser mündet; flussaufwärts aber zeichnen sich hohe Berge dunkel durch den fallenden Schnee ab, und die Talflanken steigen in sanften Kurven zu einer wellenförmigen Kammlinie an. Kilometerweit ist alles offen wie eine Handfläche, und es ist kein einziges Versteck in Sicht.

„Ku-hu – hu-hu – ku-hu-hu!"

Die Echos verklingen, als die Spuren von sechzehn Pferden in immer weiteren Kreisen ein dunkles, verworrenes Muster über den Schnee legen. Die Jagd hat begonnen und sollte bald enden, denn die ausgewählten Reiter von Ngawa sind auf der Suche nach einem einsamen Flüchtigen, der mit seiner immer noch an einem Knöchel befestigten schweren Eisenfessel bestenfalls humpelt. Doch noch während sie reiten, den sicheren Erfolg vor Augen, sind sich die Männer von Ngawa vager böser Ahnungen bewusst, gepaart mit Selbstvorwürfen, und sie flüstern einander in einem verwirrten Refrain zu:

„Es war nicht gut – nicht gut, dass wir nicht aufgepasst haben, auch wenn er eine Fußfessel hatte und so krank war. Nicht gut, dass wir nicht aufgepasst haben."

„Ah, der *Aku Ner-wa* wird es schwer finden, zu erklären, warum er keine Wache aufgestellt hat. Was wird Mei Rgyal-wo sagen, wenn er erfährt, dass der Ohrlose entkommen ist?"

„Aber wie hat er es geschafft? Er hatte die Fußfessel und war so krank."

„Der Lama weiß. Bei der Kostbaren Magie gibt es Dinge, die ich nicht verstehe. Ja, Dinge, die ich nicht verstehe. Der Lama weiß."

Vielleicht gibt es Dinge, die auch er nicht versteht, doch der *Ner-wa* reitet hoch erhobenen Hauptes; sein scharfer Blick nimmt die ganze Landschaft auf – weiß und unwirklich durch den Schneedunst. Irgendwo in diesem weiten, offenen Land versteckt sich sein Gefangener, der nun frei – oder teilweise frei – ist, oder er flieht. Wenn er flieht, hinterlässt er jetzt Spuren, und wenn er sich versteckt, kann er nicht weit weg sein. Auf einen Befehl hin wird die Verfolgung ausgeweitet, um jede Mulde und jede Unebenheit des Geländes zu durchkämmen. Die Männer reiten langsamer und suchen mit neuer Sorgfalt nach dem Ohrlosen. So geht die Jagd weiter.

Es ist etwas mehr als zwei Monate her, dass der Ohrlose am Fuße eines großen Baumes – der teilweise hohl war – saß und seine Entführer durch den schneebedeckten Wald kommen sah. Von diesem Baum aus wurde er zum Mei Thang zurückgebracht, aber es wurde ihm keine zusätzliche Strafe auferlegt. Er hielt an seinem Entschluss fest, zu leiden, und nichts geschah; doch nach einiger Zeit erlahmte von der Anstrengung seine Entschlossenheit. Wie vor seinem Fluchtversuch hatte er ein gewisses Maß an Freiheit, und sein Essen war sowohl in Quantität als auch in Qualität unverändert. Zwei Mönche bedienten ihn anstelle eines einzigen, aber er sprach mit keinem der beiden, denn sie waren immer zusammen. Niemand sagte ihm, was aus seinem früheren Wärter geworden war, dem mit den breiten Schultern und der willigen, beständigen Kraft.

Zwei Monate lang sah er den Ngawa-König nicht, abgesehen von dem einzigen Blickwechsel bei seiner Rückkehr. Die meiste Zeit war der König mit seinen eigenen Angelegenheiten beschäftigt, aber wenn er zu Hause war, sah der Gefangene ihn nie. Immer hatte er das Gefühl, mit einem unsichtbaren Gegner zu spielen, der den letzten Punkt für sich entschieden und sich dadurch einen Vorteil verschafft hatte. Tausendmal wünschte er sich, er hätte nie einen Fluchtversuch unternommen – eine Flucht, die weder in der Freiheit noch im Tod endete. Selbst die Gefangenschaft bot keine Leiden, an denen er seine Entschlossenheit hätte schärfen können, oder gegen die er mit seinem Schweigen hätte kämpfen können.

Er schwieg sogar, als er dem jungen König vorgeführt wurde, so wie ein Schuldiger dem Richter vorgeführt wird. Doch der König stellte keine Fragen und befahl ihm nie, zu antworten; er schrie ihn nie an mit diesem „sprich!" – einem Befehl, der in den Weiten seines spöttischen Schweigens nur ein leeres Echo finden konnte. Der König sprach einfach nur; er teilte ihm mit, dass die Zeit, in der er um Gnade hätte flehen und Frieden schließen können, abgelaufen sei. Die Zeit der Bewährung in Ngawa, wo ihm weder Misshandlung noch Tod drohten, war zu Ende. Er musste nach Gurdu zurückkehren, wo die Tebbus erneut verlangten, dass er mit langsamer Sorgfalt in Stücke geschnitten wurde.

„Du, der Ohrlose", die Worte waren verächtlich und beleidigend, doch die Stimme war seltsam distanziert, „der du dich Gurdu Lama nennst, musst zurück nach Gurdu gehen. Weder meine Barmherzigkeit noch die Macht der Chinesen können dich jetzt noch schützen. Ich bin mit dir fertig, und der chinesische General ist weit weg – sehr weit weg, im chinesischen Land." Die Stimme des Königs war spöttisch und doch ruhig.

„Der Lama, der wissen wollte, welcher Lama er ist, war wunderbar, als er im Großen Haus in Lhamo zu allen Stämmen sprach. Und Gurdu hatte ihm mit dem Abschneiden seiner Ohren geholfen. Wenn sie ihn hätten entkommen lassen, wäre es viel einfacher gewesen. Hätten sie ihm bloß seine Ohren gelassen, dann wäre es am einfachsten gewesen. Aber der Lama, der dank der Kostbaren Magie auf einem Geisterpferd durch die Luft reiten konnte, konnte nur von einem anderen getragen werden, als er zu fliehen versuchte.

Und er ritt nur eine kurze Strecke auf dem Rücken eines anderen. Nun, das ist alles; nur, dass du, der du dich Gurdu Lama nennst, zurück nach Gurdu gehst, um zu sterben."

Die Worte waren endgültig: Das Urteil war gesprochen. Der Ngawa-König war nicht dafür bekannt, seine Ankündigungen jemals zurückzunehmen. Doch für den Gefangenen klangen die Worte unwirklich. Er hatte einst die Drohungen derer gehört, die ihn abgrundtief hassten, und dieses ruhig gesprochene Urteil erschien ihm künstlich. Worauf wartete er aber in Wirklichkeit, während er zuhörte? Auf das, was noch gesagt werden sollte? Oder wartete er auf das, was ungesagt blieb? Als der König von Ngawa signalisierte, die Sitzung sei beendet, sagte er noch etwas.

„Du stirbst, Aluk Shiang Cheung – es sei denn, du entkommst ein zweites Mal aufgrund langer Übung; wohlbemerkt, nicht durch die kostbare Magie, sondern durch lange Übung im Entkommen. Aber dieses Mal erinnere dich an die Feile – erinnere dich an die Feile!"

In den Worten liegt ein verstecktes Lachen – ein Lachen, das grausamer ist als Schläge. Mit diesen Worten wird der Gefangene aus dem Raum geführt.

Sechzehn Männer – ausgesuchte Männer mit ausgesuchten Gewehre – ritten mit ihm von Ngawa aus los, um ihn, den Ohrlosen, in sein Verderben zu führen. Verglichen mit der Sorglosigkeit der hundert Reiter, die ihn von Gurdu hergebracht hatten, war ihre Wachsamkeit und Effizienz nahtlos, makellos, und stellte eine Gefangenschaft, aus der es kein Entkommen geben konnte.

So perfekte Wächter sie auch waren, sie unterhielten sich, während sie ritten oder um das Mittagsfeuer saßen, und aus diesen Gesprächen erfuhr er eine Neuigkeit, die zum Teil beruhigend war, die aber auch ein Teil der Dinge war, die er nicht verstehen konnte: Dinge, die in der geheimnisvollen Unergründlichkeit des Königs von Ngawa verborgen waren. Der Mönch, der ihn bewacht hatte, der mit den breiten Schultern und dem tapferen, treuen Herzen, war nicht bestraft worden. Zumindest wurde keine Strafe ausgesprochen, von der man wusste. Der Mönch war nicht einmal geschlagen worden, als man ihn in der Schmiede beim Diebstahl einer Feile erwischt hatte.

Allerdings war er weggeschickt worden, aber wiederum nicht als Verbannter. Auch das war überraschend. Manch einer, der sich den Zorn des Königs zugezogen hat, wird weggeschickt, – nasenlos, ohrenlos oder ohne eine Hand –, um sich unter den Dorfbewohnern durchzuschlagen, aber dieser Mönch hatte die Mittel für eine Pilgerreise erhalten und befand sich nun, so dachten alle, auf halbem Weg nach Lhasa. Dass derjenige, der ihn drei Nächte lang getragen hatte, nicht zu Schaden gekommen war, war ein tröstlicher Gedanke für den Gefangenen, aber da er sich das Motiv nicht erklären konnte, erfüllte diese Tatsache seinen Geist dennoch mit einem vagen Unbehagen.

Die zweiten Tageshälfte sah die Gruppe den schneebedeckten Jamtso-La-Pass überqueren, aber auch den Gefangenen so krank, dass er sich kaum noch auf seinem Pferd halten konnte, und das Lager wurde aufgeschlagen – lange bevor berittene Männer einen Halt einlegen würden, die in einer wichtigen, unaufschiebbaren Mission von Ngawa nach Gurdu reisten. Doch die Ebenen des oberen Vogelwasser-Tals boten einen guten Bestand an winterlichem, schneegebleichtem Heu, und die Nacht begann im rosigen Licht des Abendrots. Auch die Sterne kamen alle zum Vorschein, aber die wetterkundigen Veteranen von Tausenden von Nächten im Freien rochen den Schnee in der Luft und sprachen darüber, während sie um das Feuer saßen. Der Gefangene befand sich nicht in diesem Kreis um das Feuer, obwohl sein Platz wie für einen Ehrengast bereitet war.

Er hatte seit dem Mittag nichts mehr gegessen und lag still und apathisch dort, wo sie sein Bett gemacht hatten. Für die Männer aber, die versuchten, ihn zum Essen zu bewegen, und die ihn beobachteten, war diese Stille von einem Stöhnen erfüllt, das realer war als jeder Laut. Er war ein sehr kranker Mann, und sie fragten sich, ob sie nicht umkehren könnten, ohne jemals nach Gurdu weitergehen zu müssen.

Konnte es sein, dass der *Ner-wa* und seine fünfzehn Gefährten Zeugen des letzten Aktes sein würden? Würden sie das Ende der Fehde miterleben? Sollte die endgültige Antwort auf die Frage, die ganz Amdo in zwei zunehmend verfeindete Lager gespalten hatte, auf den Ebenen des oberen Vogelwasser-Tals gegeben und das Urteil gefällt werden, in Sichtweite des Pfauenwassers, das jetzt mit vereinzelten Eisbrücken bedeckt war? Sie konnten es nicht wissen, aber alles an dem Gefangenen deutete auf den Tod hin. Er, der den Zorn von Gurdu, die Folter und die Strapazen der rachsüchtigen Gefangenschaft und alle Gefahren seines Lebens als Lama-Prätendent überstanden hatte, lag im Sterben, während sie zusahen.

Sie sprachen im Flüsterton darüber, während sie um das Feuer saßen, obwohl sie überzeugt waren, dass der Gefangene es auch dann nicht hätte hören können, wenn sie stattdessen geschrien hätten. Sie sprachen auch über etwas anderes, obwohl der *Ner-wa* große eiserne Fesseln an den Knöcheln eines Menschen befestigt hatte, der nichts davon wusste. Es schien eine sinnlose Sache zu sein, aber der *Ner-wa* wollte kein Risiko eingehen, obwohl er mit seinen Männern über die anderen Dinge stritt.

„Nein, das reicht, um unsere Gesichter schlau zu machen. Dass wir, die Männer von Ngawa, unsere Pferde bewachen sollten, während wir uns noch im Gebiet der Ngawa befinden, ist der Traum eines Verrückten. Selbst die elenden Chinesen lassen ihre Pferde nachts in diesem einen Bezirk von allen Bezirken von Amdo frei laufen, dank des Wortes und des Gesetzes unseres Königs. Wir brauchen unsere Pferde nicht zu bewachen, und schon gar nicht den Gefangenen. Wir stellen keine Wache auf, wenn wir, die Männer von Ngawa, vor unserer Haustür biwakieren. Bei den Ohren des Lamas, nein! Ah, der arme Ohrlose. Vielleicht sollten wir ihn trotzdem beobachten, um sein Ende zu sehen. Es ist das giftige Gas von Jamtso La, das dies bewirkt hat. Wird er, bevor wir ankommen, ehrenvoll in den Zenit gehen – schneller, als unsere Pferde gehen können – oder wird er mit uns reisen, bis wir zum Großen Haus von Gurdu kommen? Der Lama weiß."

Die Sterne blickten auf ein schlafendes Lager herab, in dem sich nichts rührte, und dann kam der Schnee, um selbst den Sternen die Augen zu schließen.

„Ku-hu-hu-hu – ku-hu-hu-".

Der Ruf der kriegerischen Jäger hallt immer schwächer über die Ebenen und Wiesen am Zusammenfluss von Pfauen- und Vogelwasser. Die Jagd geht in vollem Tempo vor sich: Die Pferde rasen über den Schnee mit ihren geflochtenen Schwänzen, die sie waagerecht hinter sich halten. Unter all den unerklärlichen und unbeantwortbaren Dingen, die den fünfzehn Männern durch den Kopf gehen, denken sie vor allem an die Worte des *Ner-wa*, als er befahl, keine Wache zu stellen. Und er, der sechzehnte Reiter, der *Ner-wa*, der dem Ngawa-König Rechenschaft ablegen muss, reitet hocherhobenen Hauptes auf der Suche nach Anzeichen des Geflohenen: noch nicht ehrenvoll in den Zenit gegangen und dabei keine Spuren hinterlassend, sondern geheimnisvoll irgendwo hin gegangen ... und dabei keine Spuren hinterlassend.

XVI

Der Vorsteher des Sohk-tsong-Häuptlings stellt seine randvolle Schale vorsichtig auf den Rand des Aschenkastens und taucht seine Fingerspitzen in die geschmolzene Butter, die auf dem heißen Tee schwimmt. Damit wischt er sich das Gesicht und die Falten um die Augen, wischt den Staub und den Schmutz weg, der wie eine Maske an ihm haftet, denn er ist weit geritten in einem der wütenden Staubstürme, die im Spätwinter über die Ebene von Sohk-tsong fegen. Der Wind, der mit wilden Fingern an den Zäunen und Flechtwänden des Winterlagers reißt, findet sogar einen Weg in die Lehmhütte des Häuptlings. Er bringt Staub mit, der sich mit dem Rauch des halb erloschenen Herdfeuers vermischt, und heult wie ein lebendiges Geschöpf, das um seine Beute gebracht wird, denn der Vorsteher kann sich jetzt die geröteten und brennenden Augen abwischen und den Häuptling schweigend anstarren. Er hat viel zu sagen, wenn der Wind es zulässt, aber zuerst muss er essen und trinken, und dazu ist Schweigen am besten.

Auch in der Hütte ist es am besten, zu schweigen, nachdem er seine Schüssel ausgeleckt und in den Falten seines großen Schaffells verstaut hat, und so gehen die beiden wieder hinaus in den Wind, der sich an ihre Fersen heftet, Staub und Asche von ihren Schritten reißt und sie in langen grauen Fetzen in den Lauf des Sturms schleudert. Gefolgt von den grauen Doggen, die wie eine Wache bei ihren Fersen marschieren, erklimmen die beiden den Asche- und Müllhaufen, der sich wie ein Miniatur-Vulkankegel aus Asche und Schlacke vor der Hütte des Häuptlings erhebt. Dort sitzen sie mit zusammengesteckten Köpfen und beginnen zu reden, sich sicher, dass ihre Worte nur von ihnen selbst gehört werden, obwohl die großen Doggen ihre Ohren mit halb menschlichem Interesse heben.

„Bei den Heiligen Schriften, ich war nicht der Einzige, der unter den Stämmen unterwegs war, um herauszufinden, was vor sich ging. Ich traf Plattgesicht Rinchen, der von dem Archu-Häuptling kam, und Langohr Jamtzen vom Großen Haus der Sechu, sowie viele andere, die alle unterwegs waren, um den Preis für dieses und jenes herauszufinden. Ich hatte nach dem Preis für Wolle zu fragen, ihr erinnert euch.

Nach dem ersten Fluchtversuch hatten alle zu lachen begonnen. Der Lama weiß, wie alle lachten, – auch wir –, wenn wir an den

Ohrlosen dachten, der drei Tage lang wie ein Sack Korn getragen und dann immer noch in Fesseln, wie ein verirrtes Pferd, gefunden wurde – er mit seiner kostbaren Magie und seltsamen Kräften, der die Zukunft lesen konnte.

Ah, der Ngawa-König ist ein weiser Mann. Weise – ja, sehr weise. Die Stammesangehörigen lachten und vergaßen für eine Weile die Geschichte von seiner Pilgerreise nach Lhasa und vielleicht begannen sie sogar, den chinesischen General und den anderen Lama zu vergessen, der die elenden Fremden anbetet.

So wie wir den Ohrlosen zu vergessen schienen, oder zumindest die Dinge über ihn, die ihn groß machten, so begannen sie in Lhamo, den chinesischen General und die Befehle, die er bezüglich des Gefangenen gab, zu vergessen. Der Verwalter war dahinter, sagen sie. Er besuchte die Tebbus, und dann kamen die Tebbus und verlangten, dass der Gefangene von Ngawa zurückgebracht und ihnen übergeben würde. Die erbärmlichen Tebbus – diese im Dreck grabenden Elendsgestalten – sind blutrünstig. Om mani padme hum!"

Der Sprecher hält inne und starrt nachdenklich auf die Szene vor ihnen: eine Winterlandschaft, die vom Tauwetter und den Staubstürmen des Frühlings krank wird. Gelb und weiß und trostlos liegen die Ebenen und die eisbedeckten Flüsse und Bäche unter dem trüben, flachen Horizont.

In der Nähe des Lagers beginnen Staubteufel einen schwindelerregenden Tanz und stürzen sich zum kreischenden Pfeifen des Windes auf sie. Gegen das schrille Drängen forciert er seine Worte; er spricht direkt in das Ohr des Häuptlings.

„Seit der Ohrlose nach Ngawa geschickt wurde, wurde Ah Ta der Kühne vermisst, – er war von Rzachdumba weggegangen – und niemand weiß wohin. Seit über zwei Monaten gibt es keinen Austausch mehr zwischen Gurdu und Rzachdumba.

„Gurdu machte ein großes Fluchritual, und die Reiter, die den Fluch tragen, ritten los, um ihn in das Gebiet der Rzachdumba zu werfen, wurden aber von den Spähern der Rzachdumba beschossen und mussten vorzeitig umkehren. Das war ein Fehlschlag. Das Bild des Fluches wurde damals ohne Ohren angefertigt, aber als die Reiter es fallen lassen mussten, bevor sie den Grenzhügel erreichten, prallte der Fluch zurück. Ein Fluch ist wie eine Waffe, die in beide Richtungen schießt.

Schließlich beschloss das Große Haus von Gurdu, die chinesische Regierung und Ah Ta den Kühnen, zu vergessen – alles zu vergessen, bis auf die Rache an Fleisch und Knochen desjenigen, der bereits ohne Ohren war. Also schickten sie nach Ngawa, um den Gefangenen zu holen."

„Warum?"

Die scharfe einsilbige Frage des Häuptlings unterbrach für einen Moment den gleichmäßigen Redefluss des Vorstehers.

„Um ihn zu töten, natürlich. Aber als die Stammesangehörigen hörten, dass er sterben würde, hörten sie auf, über den Ohrlosen zu lachen und begannen wieder zu sagen: „Der Lama weiß. Om mani padme hum!" Die Tebbus kamen nach Lhamo – neunhundert von ihnen – und schärften ihre Schwerter, damit jeder einen kleinen Streifen aus dem Fleisch desjenigen schneiden konnte, der sich Aluk Shiang Cheung, Lama des Großen Hauses von Gurdu nennt.

All dies war leicht zu erfahren, denn ich war in Lhamo selbst, aber was wirklich in Ngawa geschah, weiß niemand.

In der ersten Nacht auf dem Weg von Ngawa, als er mit großen, eisernen Fesseln inmitten der besten Krieger der Mei Thang lag, – Männer, die erwachen, wenn ein Pferd seine Atmung ändert –, entkam er. Manche sagen, es seien Wachen aufgestellt gewesen, andere, es habe keine gegeben. Es schneite in dieser Nacht, doch er hinterließ keine Spuren. Bei Tagesanbruch ritten sechzehn Reiter – und was es in Ngawa an Pferden gibt – über das ganze Land bis zu dem Pfauenwasser; über ein Land, in dem nicht einmal ein Kaninchen einen Platz zum Verstecken finden könnte, ein Land, das so sauber ist wie unsere eigenen Wiesen – und sie fanden ihn nicht. In der Nacht zuvor war er krank gewesen und hatte Fesseln angelegt gehabt. Die Fesseln nahm er mit. Wie das geschehen ist, weiß niemand."

„Kostbare Magie – Der Lama weiß – kostbare Magie – bei den Schriften!"

Das Gesicht des Häuptlings ist aufmerksamer als je zuvor, und die Worte werden eher wie ein in die Sprache geflüchteter Gedanke als ein bewusster Kommentar geäußert.

„Vielleicht – vielleicht. Auf jeden Fall ist es seltsam, dass keine Spuren gefunden wurden. Doch am nächsten Tag wurde der Lama auf der anderen Seite des Pfauenwassers von einem Chu-ka-ma-Hirten gesehen. Der Hirte saß an seinem Feuer, als der Lama aus einem nahe gelegenen Wasserlauf kletterte und vorbeikam – der Lama –", die Stimme des Sprechers stockt und hält verwirrt inne, „zumindest nennen sie ihn einen Lama. Jeder nennt ihn einen Lama."

Das grimmige Gesicht des Sohk-tsong-Häuptlings verändert sich nicht, aber er nickt, als würde er zustimmen, und sein Vorsteher fährt mit seiner Erzählung fort.

„Der Lama ging nur wenige Schritte vom Feuer entfernt vorbei, blickte aber weder in Richtung des Feuers noch sprach er. Er hinkte und hielt ein Ende der eisernen Fesseln in der linken Hand, denn sie waren noch immer an seinem linken Knöchel befestigt. Doch er ging schnell und schaute nicht zum Feuer, auch nicht, als der Hirte ihn anrief. Dann rannte der Hirte hinter ihm her, und obwohl der Lama sich nicht zu beeilen schien, musste er eine Strecke rennen, um ihn einzuholen. Er bat ihn, zurückzugehen und an seinem Feuer zu trinken, aber der Lama weigerte sich. Er sagte: ‚Ich mache niemanden schwarz – ich, der ich schwarz bin durch die Schuld, die Gurdu, Ngawa und Thsa-ru-ma auf mich geladen haben, ich werde dich nicht anschwärzen, armer Hirte. Ich brauche sowieso nicht, was du mir zu geben hast, und ich muss mich auf den Weg machen. Meine Bestimmung ruft mich.'

Das war, was der Ohrlose sagte, denn er war es. Er nahm seinen Hut ab, als er von seiner Bestimmung sprach, und der Hirte sah, dass ihm die Ohren fehlten, und so wusste er, dass er der entkommene Ohrlose war. Es war eine gefährliche Sache, das zu wissen, und der Hirte sagte tagelang nichts darüber. Chu-ka-ma liegt so nah an den Ngawa, dass sie es nicht wagten, den Zorn des Ngawa-Königs auf sich zu ziehen. So hielt er den Mund still, bis alle Welt davon erfuhr und darüber sprach – obwohl er ja dem Flüchtling keinen Tee gegeben hatte. Ja, er ist wirklich geflohen. Der Hirte von Chu-ka-ma ist nicht der Einzige, der ihn gesehen hat."

Es ist schwer, ein Geheimnis weiterzuerzählen, einem Wind in die Zähne, der Schicht für Schicht die Spitze des Aschehaufens abzutragen droht. Aber wenigstens kann niemand lauschen – niemand außer den Hunden, die auf das Ende warten, als wären auch sie beteiligt und würden wirklich verstehen.

„Aber bist du sicher, dass er nicht wieder von Chu-ka-ma oder Wad-ma gefangen genommen wurde und heimlich festgehalten wird

– oder vielleicht sogar getötet wurde? Vielleicht haben sie ihn entkommen lassen, damit er getötet werden konnte und es nie bekannt wird. Selbst der chinesische General könnte in einem solchen Fall niemanden mehr beschuldigen. Der Ngawa-König ist der weiseste aller Herrscher von Amdo. Bist du sicher ...?"

Der Häuptling beendet seinen Satz nicht, sondern sucht im Gesicht des anderen nach einer Widerlegung seiner Befürchtungen.

„Ich bin sicher, dass er entkommen ist. Ich habe einen der Jäger von Wad-ma getroffen, der ihn zwei Tage später gesehen hat. Sie waren im Hügelland zwischen Wad-ma und Ngura – eine ziemlich große Gruppe von ihnen – und sahen einen Staubteufel den Pfad hinauf tanzen. Als er sich näherte, sahen sie, dass sich darin ein Mann bewegte: ein Mann, der ein gelbes Gewand und einen großen Golok-Hut trug – einen Hut, der schrecklich zerlumpt und befleckt war.

‚Lags-so. Der Lama weiß, Lags-so', grüßten sie ihn.

‚Wohin geht die Präsenz und wie?' Sie sahen, dass er ein großer Lama war, denn der Staubteufel blieb bei ihm stehen, wenn er stehen blieb, und sie fügten hinzu: ‚Aber erlaubt uns, Euch ein Pferd zu leihen, wir führen Ersatzpferde mit'.

Der Lama antwortete zunächst nicht, sondern schaute in den blauen Himmel und nahm seinen Hut ab. Dann sahen sie, dass seine Ohren verschwunden waren. Doch von dort, wo seine Ohren gewesen waren, entsprang Licht wie die Flammen eines Holzfeuers in einer dunklen Nacht. Es war der Ohrlose, und so wussten sie zum ersten Mal, dass er geflohen war, denn seit fünf Tagen hatten sie niemanden mehr gesehen.

‚Lags-so, der Lama weiß es, Lags-so', sagten sie und boten erneut ein Pferd an, aber der Lama antwortete:

‚Ich brauche es nicht. Meine Bestimmung führt mich dorthin, wohin ich gehen muss, sei es leicht oder schwer, und die Winde lernen, mir zu folgen. Aber mein Segen für euch. Tapfere Söhne, möge eure Jagd gut sein.'

Er ging weiter, und sie versuchten, ihm zu folgen, aber der Wind wirbelte an seinen Fersen und sprang von Fußabdruck zu Fußabdruck, bis er ihn in die Luft hob und ihre Pferde rennen mussten, um Schritt zu halten. Am Pass ging er dann so schnell in den wirbelnden Staubteufeln weiter, dass ihre Pferde ihm nicht mehr folgen konnten. Seine

Erscheinung war etwas anders als zu der Zeit, als ihn der Chu-Ka-Ma-Hirte gesehen hatte. Er hatte keine Fesseln an seinen Knöcheln und trug auch keine in der Hand. Om mani padme hum! Er ist sicherlich ein großer Zauberer, denn an diesem Tag erlegten die Jäger mehr Wild als an allen anderen Tagen ihrer Jagd zusammen. Und in dieser Nacht gab es einen seltsamen Himmel mit einem Licht, das im Norden flammte. An diesem Himmel sahen sie zwei Ohren aus Licht hängen – wie ein Zeichen."

„Doch er ist der Ohrlose, der Lama weiß – bei den Ohren des Lama, die ihm fehlen."

Der Häuptling führte irgendeine geheime Debatte mit sich selbst, und die Worte rutschten ihm ungewollt heraus, doch er rollte die Schultern, sodass der Kragen seines Mantels an seinen eigenen Ohren rieb. Das Gefühl, das sie vermittelten, war beruhigend.

„Ah, Häuptling, aber warte. Hört, was in Ngura geschehen ist, denn dort hat er die Behausungen der Menschen betreten. Dort hat der Ngawa-König keine Macht mehr, also war er in Sicherheit, und seine Gastgeber, wer auch immer sie sein mochten, waren ebenfalls in Sicherheit. Im Zelt des Ngura-Herrschers segnete er alle, die gekommen waren, und erzählte ihnen von einer neuen Hoffnung für alle, die an ihn glaubten. Nachdem er sie gesegnet hatte, nahm er seinen Hut ab, und wo sie zuvor zwei rote Narben gesehen hatten, sahen sie Ohren – Lama-Ohren, golden wie die einer goldenen Statue. Später setzte er seinen Hut wieder auf und nahm ihn dann wieder ab, und die Ohren waren verschwunden.

‚Ich bin der Ohrlose', sagte er und segnete erneut die Menschen."

„Ist er noch in Ngura?"

„Ich weiß es nicht, Häuptling. Und auch sonst niemand. Er sprach von den Schwarzzelten, von Labrang und China und von seinem Schicksal. Vielleicht ist er noch in Ngura oder zumindest jenseits des Pfauenwassers, auf dem Weg zu den Sohkwo. Die Menschen in dieser Region fürchten den Ngawa-König nicht. Auf jeden Fall wird es leicht sein, ihn zu finden."

„Welches ist unser bestes graues Pferd? Haben wir einen wie den Schimmel, den wir vor zwei Jahren in den Norden geschickt haben?"

Das Gesicht des Häuptlings ist so streng und ernst wie immer. Einmal war es ernst und unentschlossen, als ein Schuldiger verurteilt wurde; dann änderte es sich und brach in Gelächter aus; und jetzt ist es wieder ernst und entschlossen – diesmal mit einer neuen Entscheidung.

„Einer wie dessen Zwillingsbruder, Chef. Wann soll ich losreiten?"

„Still – still – mit einem kleinen Herzen. Was würde mit einem kleinen Stamm wie dem unseren geschehen, der so nahe bei den Ngawa liegt, wenn der Ngawa-König von dem anderen Schimmel wüsste? Und jetzt von diesem?"

„Ah, aber Häuptling, ich habe vergessen, die seltsamste Nachricht von allen zu erzählen. Der Ngawa *Ner-wa* und seine fünfzehn Männer sind nie bestraft worden. Nicht einmal eine einzige Geldstrafe wurde erhoben. Aus ihren Händen ist der Ohrlose entkommen, und sie wurden nicht bestraft. Was kann noch seltsamer sein als das? Was soll man sagen? Der Lama weiß ..."

Der Häuptling kann nichts sagen. Seltsame Dinge geschehen – sind geschehen – und nun folgt der Ohrlose irgendwo im Nordland seiner Bestimmung. Der Häuptling weiß immer nur eine Sache zu einer Zeit. Diesmal ist es so, dass der Ohrlose seiner Bestimmung auf einem großen grauen Pferd von Sohk-tsong folgen wird, und vielleicht wird diese Bestimmung wieder zum Großen Haus von Gurdu führen.

Der Häuptling blickt über die Ebene, – die jetzt, da der Winter schon vorbei ist und der Frühling noch nicht begonnen hat, so trostlos ist –, und er muss noch eine Frage stellen, bevor er bereit ist, in die Winterhütte zurückzukehren.

„Wo ist Ah Ta der Kühne?"

Aber niemand hat eine Antwort auf diese Frage, denn niemand weiß etwas über Ah Ta den Kühnen.

XVII

Der sternenbesetzte Vorhang der Nacht erstreckt sich bis zum flachen Horizont: ein schwach leuchtender Hintergrund, in dem sich die schemenhafte Silhouette der Zelte und Herden des Lagers der Rgyal-wo Wang abzeichnet. Der dunkle Umriss ist nicht ganz schwarz, denn unregelmäßige Blitze von Feuerschein dringen durch verhangene Zelttüren und unter flatternden Zeltwänden hindurch, und Dutzende von wechselnden Lichtpunkten leuchten in der Nacht, wenn das Vieh seine Augen erschrocken auf diese Feuerblitze richtet. Nur die Jurte von Aluk Shiang Cheung ist völlig dunkel: ein schwarzer Kegel, der keine Anzeichen von Leben zeigt und einige der Sterne verdeckt.

Leise Geräusche dringen mit dem Nachtwind heran: das Klirren von Trensen, das Klingeln von Steigbügeln, die sich berühren, das Klopfen von Hufschlägen, und die Hunde des Lagers erwachen zu ihrer ewigen Wache. Ein wütendes Geschrei durchdringt das Lager bis an dessen Rand und jenseits davon – Schreie, Gewehrfeuer und Stimmen von nah und fern, die in Frage und Antwort schreien, um in einem plötzlichen wilden Ruf zu enden.

„Aluk Shiang Cheung – Aluk Shiang Cheung!"

Der Trommelwirbel der Hufe, wenn die Pferde in vollem Tempo laufen, das Heulen und Knallen der wirbelnden Peitschen, das erschrockene Jaulen eines Hundes, der zu nahe heraneilt – all das schwillt an wie ein reißender Strom, in dem Frage und Antwort mit dem Schrei wieder erklingen.

„Aluk Shiang Cheung – Aluk Shiang Cheung!"

Der dunkle Schatten der Jurte wird durch einen Lichtstrahl, der durch die plötzlich geöffnete Tür dringt, in zwei Hälften geteilt, denn ein großes Kohlenfeuer brennt in der Feuerstelle und erfüllt das Innere mit Feuerschein – ein Versprechen von Trost gegen die Kälte und die Dunkelheit. Das Licht wird für einen Moment von einer Gestalt in der Tür blockiert: eine Frau mit Zöpfen, die wie ein Schal vom Kopf hängen, und mit einem Arm und einer Schulter, die in ihrer Eile plötzlich entblößt sind, und dann, als das Licht wieder ungehindert durch die offene Tür und über das Lager hinaus strömt, scheint es den langen Kopf und die spitzen Ohren eines großen Pferdes einzufangen und daran zu hängen, das entlang des Lichtstrahls bis zur Tür der Jurte kommt, und dessen erschrockene Augen wie Scheinwerfer in der Dunkelheit glänzen. Wan Chen Mtso steht am Kopf des Pferdes und hat die Hände am Zaumzeug, als sie eine Stimme hört, an die sie sich gut erinnern kann:

„Essen und Trinken für alle im Hauszelt. Trinkt gut, ihr alle, und kümmert euch gut um die Pferde."

Einen Augenblick später hat Aluk Shiang Cheung die Jurte betreten.

Wan Chen Mtso folgt ihm und schließt die Tür hinter sich, die Filzvorhänge fallen an ihren Platz, und das Lager, die Hunde und die Reiter, die verwirrt umherlaufen, um Platz für ihre Pferde und ihre Aufgaben zu finden, sind alle Teil der dunklen Nacht und draußen. In dieser Nacht ist auch die Jurte dunkel und still – ein schwarzer Kegel, der dem Leben fremd ist.

Doch in ihrem Inneren gibt es eine kleine Welt der kleinen Dinge – reich und gepflegt – und zwei Menschen, die sich im Feuerschein gegenüberstehen. Die Teppiche auf dem Schlafplatz des Lamas sind glatt ausgebreitet, und bei seinem Kopfkissen steht die hölzerne Schatulle mit wertvollen Schriften und besonderen Zauberamuletten. Sein Gebetsrad[11] befindet sich an seinem Platz, und auf dem Rand der Feuerstelle steht eine seltene Ming-Schale neben der Butterdose und einem Beutel aus feinem russischen Leder, mit kunstvollen Nähten verziert: der spezielle Beutel des Lamas mit *Tsamba*, das jeden Tag frisch hergestellt wird. Aus der Tülle des Teekessels steigt ein Hauch von Dampf auf, wie ein Atemhauch im Winter, denn der Tee ist fertig ... schon seit langem fertig.

Aluk Shiang Cheung sieht nichts von alledem, nicht einmal ein silberbeschlagenes russisches Gewehr auf dem Gestell über seinem Bett, wo sein anderes Gewehr immer hing, und daneben das polierte Holster einer großen Mauser-Pistole, wie sie der Akolyth getragen und mit bereitwilliger Eile, aber zu spät, zu benutzen versucht hatte. In dieser winzigen Welt des Feuerscheins und der reichen und gut ausgestatteten Dinge sieht er nur eine Frau, die neben dem Kohlenbecken kniet, um Butter in eine Ming-Schale zu schneiden.

---

11 Im Deutschen meistens als „Gebetsmühle" bezeichnet, ein Name, der in meinen Ohren eher abwertend klingt. Ich verwende daher lieber die neutralere Übersetzung „Gebetsrad" für das ebenfalls neutrale englische Wort „prayer wheel". R.J.

So schnitt sie Butter in seine Schüssel, als er zum ersten Mal als Gast im großen Zelt von Rgyal-wo Wang saß, und noch einmal, als die Welt sich auf den Kreis eines winzigen Lagers auf einer windgepeitschten Hügelkuppe verengt hatte. So oft hatte sie ihm seine Schale zubereitet, während etwas von unwiderstehlicher Kraft – tiefer als Worte es ausdrücken können – zwischen ihnen pulsierte: Stolz, Leidenschaft und Hingabe in einem.

Den Blick auf die kniende Gestalt mit den fleißigen Händen gerichtet, nimmt Aluk Shiang Cheung mit unendlicher Bedachtsamkeit seine große Fuchspelzmütze ab, die seinen Kopf bis zu den Schultern bedeckt hat. Ein dunkelroter Schal – unter dem Kinn verknotet – bleibt zurück, und seine Finger beginnen, an diesem Knoten herumzufummeln.

Die fleißigen Hände zögern und lassen ihre Arbeit halbfertig liegen, und der Tee im Kessel singt – nicht eingegossen – weiter, denn Wan Chen Mtso kann nur diesen Fingern zusehen, bis der Knoten gelöst ist. Dann schimmert in ihren Augen ein entsetzter Widerschein dessen, was sie sieht, als sich das Tuch löst: ein langer, grotesk nach oben hin ausladender Kopf, mit Wangenknochen, die weit über die gewohnten Grenzen des Gesichts hinaus verbreitert zu sein scheinen – denn daneben zeugen nur noch zwei Schwellungen aus runzliger Haut und eine fahle Narbe von etwas, das fehlt. Es ist das Gesicht des goldenen Gottes, das ihr entstellt und seltsam fremd zugewandt ist, und aus diesem verstümmelten Etwas scheinen die Augen, die sich ebenfalls verändert zu haben scheinen, ihr Gesicht zu befragen – ein Gesicht, das wie ein polierter Spiegel von der roten Glut der brennenden Kohlen erleuchtet wird.

Das Entsetzen und die seltsame, unwillkürliche Abscheu in diesem Gesicht geben eine Art Antwort auf die Frage in seinen Augen ab, und sie verändern sich erneut. Es sind die Augen eines Fremden; sie bitten um nichts und sind weit weg. Er setzt sich auf sein Bett.

„Gieß den Tee ein."

Ihre Hände nehmen die unvollendete Aufgabe auf, und die überquellende Schale wird ihm wie eine Opfergabe von zwei Händen entgegengehalten, die nicht allzu ruhig sind. Aber die Stimme von Aluk Shiang Cheung, wie er zwischen den langsam eingenommenen Schlucken Tees spricht, ist gleichmäßig und beständig – kalt wie Eis, das schmilzt.

„Seit ich das letzte Mal hier war, habe ich eine mehrmonatige Reise hinter mir und bin viel aufgehalten worden. Ich ging, wie du weißt, zum Großen Haus von Gurdu, und im Großen Haus von Gurdu wurde mein Rücken verbrannt und ich verlor meine Ohren, aber das war nicht das Ende.

Ich sprach Worte zu den versammelten Führern der Zwölf Stämme und der Tebbus, aber das war noch nicht das Ende. Ich ging nach Ngawa und lebte im Mei Thang, bis ich wie ein Getreidesack getragen wurde, und ich saß unter einem Baum im Wald des fallenden Schnees, aber das war noch nicht das Ende. Ich kehrte in das Nest des Ngawa-Königs zurück und reiste dann mit sechzehn seiner vertrauten Krieger, aber das war noch nicht das Ende. Ich verließ sie in der Nacht des fallenden Schnees und überquerte die Eisbrücken des Pfauenwassers, aber das war noch nicht das Ende. Ich durchquerte die Ebenen von Chiaokoh und wanderte mit dem Wind zwischen den Hügeln von Ngura, bis ich zu ihren Zelten kam, aber das war noch nicht das Ende. Ich blieb in Ngura, in Nyin-ma, in Chu-ka-wei-shiong, in Ta-tzen, in Ko-tze; an jedem Ort wartete ich, bis meine Bestimmung mich rief, und dann kam ich zum Lager von Rgyal-wo Wang bei den Sohkwo, wo das Zelt von Aluk Shiang Cheung aufgeschlagen ist, aber das ist nicht das Ende. Das ist noch nicht das Ende."

Über die Zeit ist Rechenschaft gegeben. Ereignisse und Szenen haben die Tage gefüllt, die dazwischen lagen, und nun ist er zurück in seinem Zelt, um das Leben aufzunehmen oder seiner Bestimmung zu folgen. Zwanglos erkundigt er sich nach den Herden und seinen Angelegenheiten: wie es den Milchkühen geht und wie hoch der Ertrag an Lammfellen aus dem Frühjahrswurf der Lämmer ist. Er kann auch nach Neuigkeiten fragen: ob Boten aus Labrang gekommen sind, ob Chinesen nach Aluk Shiang Cheung gefragt haben oder ob Ah Ta der Kühne ihm eine Nachricht geschickt hat?

Seine bedächtige Rede erfüllt die kleine Welt in der Jurte, und Wan Chen Mtso antwortet ohne Zögern, während sie ihm alles erzählt, was er zu wissen wünscht, aber ihre Augen weichen nie von jenem unveränderlichen Anblick, der seine eigene Strafe zu verhängen scheint. Sie beginnen sich mit Angst zu füllen. Dass sie die Ohren ihres Gottes verloren hat – in seiner Schönheit wie ein goldenes Abbild– scheint Horror genug, aber die Befürchtung, dass sie noch mehr verlieren könnte, beginnt in ihren Augen zu wachsen und sich zu verdunkeln. Sie kann vielleicht die Augen desjenigen verlieren, der so seltsam starrt; sie kann vielleicht den Besitz jener Schultern verlieren, die sie so dringend braucht; sie kann vielleicht jenen Geist verlieren, der so ruhig mit einer Stimme sagt, die sie zusammenfallen lässt: „Aber das ist nicht das Ende – das ist nicht das Ende." Denn während er spricht, geht er immer weiter weg, in das ferne Land seines Stolzes. In ihren Augen, die in Qualen an den Ort genagelt sind, wo seine Ohren waren, weicht das Entsetzen der Furcht.

Die roten Kohlen in der Feuerstelle schrumpfen, eine nach der anderen, und legen graue Leichentücher aus Asche an, bevor sie sterben. So wird auch das Licht schwächer und die Schatten werden dichter und dunkler um den Schlafplatz des Lamas, auch um die Gestalt des Lamas; sie verbergen seine Hände, seine Schultern, ja, sie verbergen alles außer seinem Gesicht. Aus der sicheren Stille heraus – er hat alles erfahren, was er wissen will, und hat aufgehört zu fragen – spricht er wieder.

„Ich werde schlafen gehen. Du kannst das Kohlenbecken etwas näher an die Tür stellen, wenn du gehst."

Das Kohlenbecken und die Tür sind die konkreten Gegenstände dieses scharfen Befehls, aber der Befehl lautet, zu gehen. Wan Chen Mtsos Finger sind gehorsam und nehmen das Kohlenbecken – aber die Tür? Und zu gehen? Sie öffnet sogar die Tür, aber nur, um das Kohlenbecken nach draußen zu stellen und die Nacht mit dem roten und plötzlichen Anzeichen von Leben und Aktivität in der Jurte von Aluk Shiang Cheung zu erfüllen – nicht länger unnahbar und dem Leben fremd.

Sie selbst kehrt in die Jurte zurück. In dem verdunkelten Innenraum befindet sich nicht mehr ein verstümmelter Gott, sondern ihr Mann, den sie nicht zu verlassen wagt und den sie mit einer alles übersteigenden Angst zu verlieren fürchtet.

Er gehört ihr in der Dunkelheit, – er selbst, seine Schultern und alles andere –, aber wie ihre Hände auch diese Falten der runzligen Haut und die geschwollene Narbe finden, wird ihr ganzer Körper von Schluchzern geschüttelt, die sie nicht beherrschen kann, obwohl sie sich mit den Zähnen fest an eine Schulter klammert, um Trost zu finden. So entledigt sie sich des Mitleids, das selbst ihre Augen nicht zeigten, und dann muss ihr Schluchzen ein wenig nachgeben, damit sie den Mann, der sie im Dunkeln hält, um einen Gefallen bitten kann.

„Wenn – du nach dem Großen Haus von Gurdu zurückkehrst, wirst du – mich und niemanden sonst – das Messer so am Gurdu-Ombo benutzen lassen, wie ich es wünsche? Mir und niemandem sonst!? Versprichst du mir das? Du nimmst den tödlichen Fluch auf dich, das es so sein wird?"

„Wenn ich zum Großen Haus von Gurdu zurückkehre", antwortet der Ohrlose und ihr Schluchzen hört auf.

XVIII

Ein alter Mann – der ehemalige Pferdehirte von Gurdu, der jetzt im Zelt von Aluk Shiang Cheung wohnt – steht unsicher vor der geschlossenen Tür der Jurte des Lamas und wartet auf die Erlaubnis, eintreten zu dürfen.

So hat er in den vergangenen Tagen schon viele Male gestanden. Das erste Mal war es, als ein Golok, von fünfzehn zottelköpfigen Reitern begleitet, gekommen war, um eine Audienz bei Aluk Shiang Cheung zu verlangen. Das war vor einem Monat, und er hat ihn bis jetzt noch nicht gesehen. Aber der Golok ist trotz seiner rüden Schwüre geduldig und hat sein Lager auf der Wiese aufgeschlagen, die sich vom Rand des Lagers bis zum Ufer des Flusses erstreckt. Er hat gesagt, dass er den Aluk Shiang Cheung sehen muss, und so wartet er auf das Wohlwollen des Lama, während seine Gefährten die Sohkwo den ganzen Tag lang mit der Murmeltierjagd schockieren.

Sein bescheidenes Lager aus zwei Reisezelten ist jedoch nicht das einzige Lager in den Ebenen. Dort befinden sich die prunkvollen und gut bestellten Zelte des Gesandten von Labrang und seiner Gruppe. Er ist ein großer Geistlicher, offizieller Vertreter des größten Lamaklosters in Amdo, aber auch er hat schon viele Tage gewartet, um Aluk Shiang Cheung zu sehen, bisher vergeblich. Dennoch geht er nicht weg, sondern wartet auf das Wohlwollen des Einen-der-nie-gesehen-wird, des Lama von der geschlossenen Jurte.

Von Tag zu Tag breiten sich die Zelte am Rande des Flusses immer mehr aus. Eine Abordnung aus Ngura ist da, der fette Häuptling von Tang Kur – der gerissenste Diplomat unter allen zwölf Stämmen – lagert ebenfalls dort, und der Ombo von Aluk Kong Thang Tsang hat sogar eine kleine Jurte aufgestellt, offenbar in der Erwartung, lange zu bleiben. Es sind Männer von Chu-ka-wei-shiong, Ta-tzen und Wei Tse, von Larengo, Amchok und Samtsa dort, Stämme, die frei von der Herrschaft von Gurdu und Ngawa sind. Jede Gruppe hat ihr eigenes Feuer und ihren eigenen Kessel, und alle warten auf eine Audienz beim Lama in der geschlossenen Jurte.

Es gibt auch andere, die sind diskreter oder anonymer, bleiben für sich und geben eine Reihe von Gründen an, warum sie in der Region sind. Aber sie sprechen, wenn sie überhaupt sprechen, in der Sprache der Völker der großen Ebenen, wo die Stämme unter dem Einfluss von Gurdu stehen. Sie schlagen heimliche Lager auf und erwecken den Eindruck, kaum zu warten, und doch bleiben sie einen Tag nach dem anderen da.

In einiger Entfernung von den anderen befindet sich ein Lager mit fünf kleinen Zelten, die sich von allen anderen unterscheiden. Sie sind in Stil und Größe alle gleich – bis auf eines – und sind in strikter Ausrichtung aufgestellt. Diese Art von Lager ist jedoch für einen Exerzierplatz oder einen Stadtplatz gedacht, nicht für diese Bergwiese von Amdo, und es wirkt seltsam unbeholfen und unwohl. Seine selbstbewusste Ordnung gewährt keine Sicherheit des Komforts; die Zelte hängen traurig im Wind, und offensichtlich fühlts sich auch der chinesische Offizier, der dort mit seiner Leibwache kampiert, unwohl genug. Aber auch er ist gekommen, um Aluk Shiang Cheung zu sehen, und muss bleiben, bis das Treffen zustande kommt.

Das jüngste Lager ist auch das größte, denn in dem großen Ring von Zelten, der am weitesten flussabwärts liegt, hat Ah Ta der Kühne, sein Lager aufgeschlagen – einhundertfünfzig Gewehrschützen sind bei ihm. Er kam erst gestern, und der alte Mann, der die Ankunft von Ah Ta dem Kühnen ankündigte, war sich sicher, dass er Aluk Shiang Cheung unverzüglich sehen dürfe, doch die Antwort war für ihn dieselbe wie für alle anderen gewesen.

„Tee und Essen im großen Zelt für alle, und sieh zu, dass das Lager, das sie errichten, gut mit Brennstoff versorgt ist. Wenn ich bereit bin, ihn zu empfangen, werde ich es ihn wissen lassen."

Etwas von all dem geht dem alten Mann durch den Kopf, während er an der Tür der Jurte steht und darauf wartet, dass er mit dem, Dernie-gesehen-wird, sprechen kann. Einst, vor langer Zeit, war die Tür der Jurte fast nie geschlossen, sondern für alle offen: ein Audienzsaal, der nie leer war. Jetzt befindet sich hinter dieser geschlossenen Tür ein Schrein ... oder ein Grab. Jedes Mal, wenn er auf das Signal zum Eintreten wartet, findet der alte Mann die Jurte als Ort eines neuen Mysteriums vor. Oder versucht da jemand, ein Mysterium zu entwirren, das schon alt ist, und ermüdend in seinem Alter? Der ungestört sein will? Diesmal ist die Ankündigung, die er machen muss, lächerlich und zur Ablehnung verurteilt. Wenn all die Großen – der chinesische Offizier und Ah Ta – abgelehnt wurden, welche Chance gibt es dann noch?

Beinahe will sich der Alte abwenden, doch die Beharrlichkeit eines bestimmten Mannes lässt ihn dort warten. Jener zerlumpte Mönch war so hartnäckig gewesen. Auf das Signal hin stößt er die Tür auf und steht vor dem Einen, Der-nie-gesehen-wird.

Er trägt den Hut eines Lama. Sogar im Inneren seiner Jurte, auf den Teppichen, die sein Bett bilden, trägt er einen Lamahut: einen Hut, der etwas anders gemacht ist als alle Lamahüte, die er je zuvor gesehen hat. Und wenn er ihn trägt, ist er nicht mehr der Ohrlose, sondern ein Lama, der thront und eine Mitra trägt, die den ganzen Kopf bedeckt. Jedes Mal, wenn der alte Mann ihn in den letzten Monaten gesehen hat, hat er denselben Hut getragen. Der Ohrlose ist auf dem Weg, derjenige zu werden, Der-nie-gesehen-wird, und zu ihm spricht der alte Mann mit gebeugtem Rücken und weit ausgestellten Handflächen mit großem Respekt.

„Mit Respekt – der Lama weiß – mit Respekt. Es gibt einen Mönch, einen armen Wanderer mit einem Rucksack, der darauf besteht, mit dem Aluk zu sprechen – mit Respekt."

Bisher haben die Augen des Lama, der sich verächtlich umdrehte, kein Interesse gezeigt, auch nicht, als es Ah Ta der Kühne war, der gekommen war.

Doch dieses Mal weiten sie sich leicht, als würden sie sich nach innen einem neuen Gedanken zuwenden, der ihrer Aufmerksamkeit wert ist.

„Lass ihn im großen Zelt Tee und Essen zu sich nehmen. Und dann kann er sich auf den Weg machen. Fülle nur seinen Proviantbeutel gut auf."

Als er die Tür schließt und geht, ist sich der alte Mann zweier Dinge unbehaglich sicher. Der Mönch wird nicht gehen: Er wird sich nicht einmal damit zufrieden geben, im großen Zelt zu bleiben, ohne den Einen, Der-nie-gesehen-wird, gesehen zu haben, und der Lama wird den Mönch sicher nicht sehen.

Doch trotz dieser zweiten Gewissheit steht er bald wieder vor der Tür der Jurte und wartet auf die Erlaubnis, eintreten zu dürfen. Der Mönch ist so hartnäckig, hat so seltsame Dinge gesagt. Diese Beharrlichkeit beherrscht den alten Mann, und obwohl er mit tiefer Sorge befürchtet, was der Lama sagen könnte, kann er nicht anders, er ist wieder da und wartet auf das Signal zum Eintreten.

„Mit Respekt – der Lama weiß – mit Respekt."
Die Worte scheinen nichts zu bewirken oder zu bedeuten, und doch ist es alles, was er zu sagen weiß, während seine Hände mit den Handflächen nach außen gerichtet sind und sein Rücken gebeugt ist, als würde man anbeten.

„Bei allem Respekt – der Lama weiß ..."
Seine Kehle ist trocken, denn die Augen des Lamas fangen an, seltsam zu glänzen, aber da ist immer noch die Erinnerung an diesen hartnäckigen Mönch.

„Er besteht immer noch darauf, die Präsenz zu sehen – er, der Mönch, der nicht gehen will. Er schickt auch ein Geschenk. Mit Respekt – das seltsamste Geschenk, das ich je gesehen habe – mit Respekt. Der Lama weiß."

In seinen Händen hält er – wie einen Talisman, um den Zorn des Lamas abzuwehren – eine kleine dreieckige Feile, abgenutzt und unbrauchbar, aber nichtsdestoweniger eine Feile. Sie ist seine einzige Entschuldigung für den Zutritt zur Jurte. Ihm wurde gesagt, er solle sie vorzeigen und alles würde gut werden, also zeigt er sie und glaubt nicht im Geringsten, dass alles gut werden wird – er ist sich sogar sicher, dass nicht alles gut ist. Er hat dieses Funkeln in den Augen des Lamas schon einmal gesehen, und es bedeutete immer Ärger. Jetzt ...

Aber der Lama spricht.

„Sag ihm, dem Mönch mit den breiten Schultern, er soll zu mir kommen. Er soll allein kommen."

Der alte Mann ist gegangen und fragt sich verwirrt, woher der Eine, Der-nie-gesehen-wird, weiß, wie breit die Schultern des Mönchs wirklich sind. In seiner Eile hat er die Tür offen gelassen. Der Mönch ist noch nicht gekommen, aber die ganze Welt draußen kommt durch diese offene Tür herein: das Rufen der Goloks am Bach, das Bellen der Hunde, das Murmeln der Rezitationen im Zelt des Gesandten von Labrang und das Geräusch von plätscherndem Wasser, wenn die Pferde in voller Fahrt in den Bach hineinreiten, angetrieben von den Pferdewächtern der Rzachdumba. Durch diese offene Tür kann Aluk Shiang Cheung auch einen Teil der vielen Lager der Männer sehen, die auf sein Wohlwollen warten. Die Männer wandern von Lagerfeuer zu Lagerfeuer und von Zelt zu Zelt. Auch ohne selbst Der Wissende zu sein, kann er sicher sein, dass sie in jeder Gruppe über ihn und über wenig anderes reden, obwohl manchmal Gewehre gezeigt und Patronen ausgetauscht werden. Er sieht drei Männer, die ein Gewehr ausprobieren, und eine Sekunde später folgt auf den Blitz ein scharfer Schuss. Einige der chinesischen Soldaten verlassen ihr Lager, um sich den Schützen anzuschließen, dann kehrt einer zurück und kommt mit seinem eigenen Gewehr zurück. Es wird weiter geschossen und andere sammeln sich.

Das ist ein Teil der chinesischen Macht: Patronen in unbegrenzter Menge. Mit der chinesischen Macht könnte man viel erreichen, aber die chinesische Einmischung ist so verhasst. Der Vorteil chinesischer Gewehre und Patronen, jedoch in den Händen der Tibeter, könnte ausreichen ... Sicherlich haben die Chinesen großen Nachschub, denn die Schießerei geht weiter: Chinesisches Geschützfeuer auf der Wiese; schlecht gezielt, aber kontinuierlich.

Während die, die zu ihm gekommen sind, sich so die Zeit vertreiben, warten alle Stämme auf seine Worte. Einige sind offen bereit, zu gehorchen, andere sind unsicher, und wieder andere sind bereit, jede Forderung mit Gewalt abzulehnen. Der Abgesandte von Labrang ist da, weil Labrang traditionell der Rivale von Ngawa ist. Die Delegation von Ngura ist da, weil Ngura mit Gurdu verfeindet ist. Ta-tzen, Ko-tze, Samtsa, Larengo – jeder Name ist in seinem Gedächtnis gespeichert, seit der alte Mann sie zum ersten Mal ankündigte – warten alle darauf, zu gehorchen, vielleicht auch, um ihre eigenen Fehden und ihren Groll zu befriedigen. Was die anderen, die heimlich herumhängen, wollen, ist nicht so klar. Und von Ah Ta weiß er es am wenigsten von allen: Ah Ta der Kühne, der seit über einem Monat irgendwo unterwegs ist. Hinter all diesen vielversprechenden Verbündeten steht der erklärte Schutz der chinesischen Regierung, sollte er davon profitieren wollen. Das Lager mit den fremdartigen Zelten mit seinem ganzen Unwohlsein ist der beste Beweis dafür.

Aber wer von all diesen Männern, Stellvertretern der Völker von Amdo, glaubt wirklich an ihn – an Aluk Shiang Cheung von der Kostbaren Magie? Eher an Aluk Shiang Cheung der Lama ohne ...

Aber das spielt keine Rolle mehr. Sein Hut mit dem besonderen Stil wird dieses Problem lösen, wenn er Audienzen gibt. Nur für sich selbst muss er Der Ohrlose sein. Dennoch wartet er von Tag zu Tag, unsicher, wann er beginnen soll. Wie lange aber werden die Männer, die am

Fluss kampieren, bereit sein, zu warten? Und wie kann er es wagen, den chinesischen Offizier warten zu lassen?

„Mit Ehrfurcht – mit Ehrfurcht –".

Ein Schatten verdunkelt die Schwelle und die Türöffnung füllt sich mit Schultern, die fast zu breit sind, um einzutreten.

„Mit Ehrfurcht – Om mani padme hum! Mein Lama – mein Lama –".

Der Mönch kniet in der Tür.

„Mein Lama – der Ohrlose –."

Es sind die schrecklichen Worte, die niemand sonst zu sagen wagt, aber der Mönch spricht sie wie einer, der seine Gebete spricht.

„Mein Lama, der Ohr..."

Die Stimme des knienden Mönches stockt. Als sich seine Augen an das gedämpfte Licht gewöhnen, erkennt er, dass das Gesicht, das er unter der besonderen Mitra sieht, nicht das Gesicht des Ohrlosen ist, den er auf seinem Rücken durch den Wald getragen hat. Wo sind die beiden roten Narben, die zuerst sein erschrockenes Mitleid erregten und seine Treue gewannen?

„Om mani padme hum! Der Lama weiß! Aber du bist Der Ohrlose?", fleht er, und das Vertrauen eines ganzen Lebens hängt von der Antwort ab.

„Ich bin Der Ohrlose."

Der Lama zerknautscht seinen besonderen Hut hinter sich und dreht sein verstümmeltes Gesicht so, dass der Mönch es sehen und zufriedengestellt sein kann. Jetzt weiß er, wie und wann er beginnen muss. Er ist bereit für den Abgesandten aus Labrang, für die Delegation aus Ngura, für jeden einzelnen von allen, die in der Ebene lagern. Er ist bereit für Ah Ta selbst, und wenn der chinesische Offizier kommt, wird er vor allem für ihn bereit sein.

„Du sollst derjenige sein, der mir den Tee einschenken wird, und diese Pistole tragen. Nur lerne, sie sehr schnell zu ziehen oder gar nicht. Wir werden gemeinsam zum Großen Haus von Gurdu gehen, denn du bist mein 'Gleichgesinnter' mit den breiten Schultern."

Im dem Glauben des einen Mannes, der für sich selbst an ihn glaubt, der weder einen Groll zu befriedigen noch seinem Ehrgeiz zu frönen hat, ist er sich seiner selbst und der Zukunft sicher. Für denjenigen, der ihn trug, als er hilflos war, und der ihn in der Farce seiner erneuten Gefangennahme sah, ist er auf einzigartige Weise Der Ohrlose. So wird er für alle Der Ohrlose sein. Seinem einen und einzigen Schüler gibt er den ersten Auftrag.

„Geh und rufe alle, die mich sehen wollen. Sag ihnen, dass Aluk Shiang Cheung bereit ist. Ja, sogar bereit, den Golok zu sehen, von dessen Zelt aus ich nach Lhasa gepilgert bin. Geh und sag ihnen, sie sollen mich vor der Tür der Jurte erwarten. Dort wird der Ohrlose Worte sprechen, die für ihre Ohren geeignet sind."

Der Mönch macht sich auf den Weg, und die Tür wird offen gelassen, damit der Lama die Ausführung seines Auftrags beobachten kann. Bald wird er all jene treffen, auf die er drei Jahre lang vergeblich gewartet hat, und zusätzlich zu all den anderen auch den Stellvertreter der chinesischen Regierung, auf den er nie gewartet hat und den er nie zu sehen glaubte. Er wird eine große Rede halten. Erinnerungen an eine andere Rede kommen ihm in den Sinn und er murmelt vor sich hin.

„Der Ohrlose Lama von Gurdu ist gekommen. Jetzt weiß ich endlich, welcher Lama ich bin."

So ist er zu den Männern gekommen, die sich vor der Tür seiner Jurte versammelt haben, und zu allen in Amdo, die mit Worten auf den Lippen warten, den Worten, die wie ein Glaubensbekenntnis der Zukunft sind,

„Der Lama weiß – mit Ehrfurcht – nur der Lama weiß."

Epilog

Wie bereits erwähnt, sind der Lama und ich uns nie persönlich begegnet, aber vor, während oder nach den Ereignissen dieser Geschichte muss er von mir gehört haben, denn 1960 erfuhr ich, dass „der Lama Ohne Ohren" in Indien angekommen war und sich nach meinem Aufenthaltsort erkundigte. Seitdem ist er auf mysteriöse Weise in jenem Grenzgebiet entlang der großen Berge verschwunden, wo chinesische Truppen und indische Soldaten einander in einem sich verändernden Niemandsland wachsam beobachten; und es wird gemunkelt, dass er ermordet wurde. Andere fragen sich, ob er nicht vielleicht den Platz eingenommen hat, den er im Großen Haus von Gurdu beansprucht.

Beides oder keines von beidem könnte das Ende der Saga sein, aber auch hier gilt wieder: „Nur der der Lama weiß ..."

© Khampa Verlag Freiburg & Eckernförde 2024

Deutsche Übersetzung: Dr. Robert Jaroslawski © 2024
Lektorat: Anna Müller-Nilsson, Reinhardt Meierhöfer, Walther Hofherr
Umschlaggestaltung: Wolfgang Nowacki, unter Verwendung einer Fotografie von Robert Jaroslawski
Layout und Satz: Leif Nilsson

Druck: Booksfactory.de, 71-004 Szczecin (Polen)

ISBN 978-3-9825064-1-8

Illustrationen: Lobsang Tenzing, aus dem Besitz des Thomas Burke Memorial Washington State Museum
Karten: Gene Turner

Library of Congress Cataloging in Publication Data
Ekvall, Robert Brainerd, 1898-1983
Engl.: The Lama Knows: A Tibetan Legend is Born

I. Title.
PS3509.K8L3 1981 813'.54 81-4160
ISBN 0-88316-541-4 AACR2

Copyright © 1979, 1981 by Robert Brainerd Ekvall
All rights reserved
First Chandler & Sharp edition published in 1981
Printed in the United States of America
ISBN: 0-88316-541-4
Library of Congress Catalog Card Number 81-4160

Published originally (1979) by Gulab Primlani, Oxford & IBH Publishing Company, 66 Janpatla, New Delhi 110001, and printed at Oxonian Press Pvt. Ltd., Faridabad, India.

Kein Teil dieser Veröffentlichung darf in irgendeiner Form oder mit irgendwelchen Mitteln ohne das zuvor eingeholte Einverständnis des Copyright-Eigentümers reproduziert, in einem Lesesystem gespeichert oder übertragen werden.
Alle Anfragen sollen an den Verlag gerichtet werden.

Khampa Verlag
Freiburg und Eckernförde